本书出版得到国家古籍整理出版专项经费资助

辉煌时代
HUIHUANG SHIDAI

秦皇汉武

张小锋 著

中华书局　　上海古籍出版社

图书在版编目（CIP）数据

秦皇汉武/张小锋著. —北京：中华书局，上海古籍
出版社，2010.4（2012.4 重印）
（文史中国）
ISBN 978 - 7 - 101 - 06873 - 3

Ⅰ.秦…　Ⅱ.张…　Ⅲ.中国－古代史－秦汉时代－
青少年读物　Ⅳ. K232.09

中国版本图书馆 CIP 数据核字（2009）第 123502 号

书　　名	秦皇汉武	
著　　者	张小锋	
丛 书 名	文史中国	
责任编辑	焦雅君　娄建勇	
出版发行	中华书局	
	（北京市丰台区太平桥西里 38 号　100073）	
	http://www.zhbc.com.cn	
	E - mail：zhbc@ zhbc.com.cn	
	上海古籍出版社	
	（上海市瑞金二路 272 号　200020）	
	http://www.guji.com.cn	
	E - mail：gujil@ guji.com.cn	
印　　刷	北京精彩雅恒印刷有限公司	
版　　次	2010 年 4 月北京第 1 版	
	2012 年 4 月北京第 4 次印刷	
规　　格	850 ×1168 毫米　1/32	
	印张 4¾　字数 58 千字	
印　　数	14 001—17 000 册	
国际书号	ISBN 978 - 7 - 101 - 06873 - 3	
定　　价	18.00 元	

《文史中国》丛书
出版缘起

《文史中国》丛书的策划编撰，始于2004年。

这一年，中共中央、国务院明确了一项重大的文化战略："对未成年人进行以爱国主义为核心的伟大民族精神的教育"，要求通过中华民族优良传统和悠久历史的教育学习，引导广大青少年"从小树立民族自尊心、自信心和自豪感"。

有鉴于此，中华书局和上海古籍出版社——中国南北两家以弘扬中华传统文化为己任的著名出版社——决定联手合作，出版一套为青少年量身度制的高质量的传统文化系列图书，其初命名为《长城丛书》，计16个系列、约160种图书。计划得到了有关部门的高度重视，很快列入了"'十一·五'国家重点图书出版规划"与"国家古籍整理出版'十一·五'重点规划"。

2005年，中宣部策划组织的弘扬伟大民族精神的重点出版工程——"民族精神史诗"全面展开。《长城丛书》之"文史知识"部分，又被吸纳为这项重大文化工程之一，并以《文史中国》为名，正式启动。经过近五年时间、数十位学者的倾情投入，其第一批成果，终于以清新靓丽的面貌，呈现在广大读者的面前。

有别于以往的传统文化读物，《文史中国》的宗旨可概括为一句话：题材是传统的，眼界是当代的。因此除了科学性与可读性相统一的常规标准外，丛书从选目到撰写，更要求以一种世界性的文化视域来透析中华文化的深刻意蕴。而"中华"与"上古"深厚的学术底气与近十年来的创新精神，正是践行这一宗旨的可靠保证。

《文史中国》丛书首批共38本，分为四个系列："辉煌时代"、"世界的中国"、"文化简史"、"中华意象"。四个系列互相联系，同时又自成体系，为读者多视角多侧面地展示中华文明。

"辉煌时代"系列共10本，选择中国五千年历史上十个辉煌的时代，作横断面的介绍与分析，以显示开放心态和创新精神是中华民族发展振兴的主体精神。

"世界的中国"系列共10本，集中表现中华文化与世界各民族文化的交流与融合，以展现中华文明是人类文明的共同组成部分，强调中国与世界的开放共荣、和谐共处是中华文化的固有精神。

"文化简史"系列共10本，从中国人文化生活的各部类入手，历时性地介绍中国人知行合一的生活情趣，高尚优雅的审美理念，以及传承有序、丰富多姿的文化积累，从而为当代人的生活文化与中国文化走向世界提供启示。

"中华意象"系列共8本，选取最能够体现中华民族主体思想的、具有象征意味的意象，进行深入的解析。"龙凤""金玉"等意象早已经成为中华民族的文化符号，它们以其特有的形象和意涵，展示着中国人特有的精神世界，并丰富着全人类的文化符号。

全中国的中小学生、全世界的华人学子，是《文史中国》丛书的当然读者。我们期待着读者们在清新优美的文字和图文并茂的情境中，感受到中华民族"爱国、团结、和谐、奋斗"的伟大的民族精神，成为一个出色的中国人。

今后，无论您走到世界的哪一个地方，无论您从事哪一项职业，无论您身处顺境还是逆境，您都可以骄傲地大声说：

"是的，我是中国人！"

中华书局　上海古籍出版社

2009年7月

目录

【第七章】辞赋文章　千古传颂

深入阅读

汉代·鸟篆文铜壶

引 言

"君不见骊山茂陵尽灰灭，牧羊之子来攀登"（李白《登高丘而望远海》），无论是千古一帝秦始皇还是雄才大略汉武帝，俱往矣。两千多年来，人们甚至连他们的长相都难以弄清。但是，在人们记忆深处，仍在极力追寻着秦皇汉武的历史印痕，评说他们的历史功绩。"龙惊汉武英雄射，山笑秦皇烂漫游"，这说明，他们所开创的基业及其所处的时代对中华民族乃至世界都产生了重大影响。汉族是我国人口最多的民族，是中华民族的主体，人们不禁会问，汉语、汉字、汉族是否与历史上的秦皇汉武有某种关联呢？答案无疑是肯定的。可以说，正是有了秦皇的一扫六合和汉武的开疆拓土，正是有了秦汉四百余年的孕育与熔铸，才有今朝灿烂辉煌的中华民族。秦皇汉武时代，我国成为东亚地区最为辽阔的国家，成为世界上与欧洲的罗马帝国并驾齐驱、同领时代风骚的耀眼明星。

秦皇汉武时代是民族融合的大熔炉，它那以血缘、政治、经济与文化为纽带所形成的熊熊烈火，熔铸出以汉族为主体的中华民族，使之不断繁衍生息，历久不衰。秦汉历时四百余载，不仅使中原地区背景各异的民众认同了汉族这个共同体，而且中央政府对周边少数民族产生了越来越大的向心力。

由秦始皇开创、汉代统治者继承的中央集权的大一统的封建王朝，开创了后世王朝遵奉的统治模式。在秦汉历代君主的经营和治理下，中国作为一个整体观念成为以汉族为主体的各族人民的共识。中华民族虽几经分合，但统一始终是主流，这与秦皇汉武时期形成的根深蒂固的大一统的观念密不可分。

秦汉王朝创立的一系列政治、经济、文化、法律、民族等制度，很多为后来的王朝所承袭，有些内容直到今天仍发挥着一定的影响。而这一时期所创造的高度发展的科学技术和思想文化，不仅在中国，而且在世界文化史上也放射着异样的光芒。

总之，秦皇汉武是十分重要的历史人物，秦皇汉武时代是中国历史上十分重要的历史时期。让我们循着历史学家的笔触，凭着至今犹存的秦砖汉瓦，透过巍峨峥嵘的骊山和茂陵，来领略秦皇汉武的神韵，观赏一幕幕精彩绝伦的历史剧吧。

【第一章】
秦皇汉武时代世界形势鸟瞰

公元前221年，秦始皇横扫六合，一统天下，在东方世界激起一个浪涛。而就在这一时期，西方世界的历史浪花，也正飞溅到中国的西部边境。

在这一时代，希腊帝国已经瓦解，而被视为欧洲文化之渊薮的希腊文化，仍然深深影响着帝国的广袤疆土；希腊人的语言，仍然是中亚一带的国际语言，希腊人的艺术、宗教，仍旧影响着印度，并且越过帕米尔高原，于塔里木盆地之西北与中国羌族的文化发生了接触。所以此后中国人一踏进塔里木盆地，便到处碰到陌生的、深目高鼻的塞种人。

当希腊帝国瓦解之时，罗马帝国正如旭日东升，兴起于今日之意大利半岛。到汉代，这个新兴的势力，便继希腊之后，成为西方世界的历史推动力。

罗马皇帝哈德良半身像（公元2世纪）

然而终秦之世，罗马的势力，并没有扩展到东方。他还在与迦太基争夺地中海的霸权。秦始皇二十九年（公元前218），第二次布匿战争爆发。当时英勇的迦太基人，在其将军汉尼拔的领导之下，从西班牙海岸出发，越过阿尔卑斯山，侵入意大利。秦始皇三十一年（公元前216），罗马几乎为迦太基人所灭。迦太基人入侵罗马十五年，在此十五年中，所向无敌。直至汉高帝五年（公元前202），罗马人才把迦太基人驱逐出境。所以终秦之世，西方罗马完全在迦太基人的蹂躏之下。

秦始皇时代正是印度佛教开始向世界传播之时。传说中佛教由释迦牟尼所创立，时间是中国的春秋末叶。印度阿育王时代（公元前268—前232），印度统一全境，并将其势力伸张到今日之阿富汗，成为亚洲西南的一个泱泱大国。此外，又多派佛教人士，广播佛教于其所知之世界，如锡兰、缅甸、罽（ji）宾、塞琉卡斯及托勒密等处，皆有佛教僧侣之足迹。这样，佛教文化便成为印度历史的一种活力，把游离于罗马与中国两大

印度瓦沙里阿育王柱与大塔（公元前3世纪）

历史动力之外的世界纳入其支配之下。

到西汉初，罗马人赶走了迦太基人，统一了意大利半岛。在惠帝五年（公元前190），罗马的骑兵第一次驰入亚洲大陆，在玛革尼西亚击败塞琉卡斯帝国，并将其驱逐到小亚细亚及托鲁斯山外。文、景之世，罗马征服了马其顿、希腊，并南征非洲，屠灭迦太基。到武帝元光二年（公元前133），罗马占领了小亚细亚的大部分土地，成为希腊文明最后避难所的帕加马王国也灭亡了。这样，罗马便从迦太基人的蹂躏之下解放出来，一跃而在地中海上称雄。

在西汉初期，整个中央亚细亚呈现出纷纷攘攘的历史画面：

阿拉伯人的军队，从麦加山上出发，越过阿拉伯沙漠，占领了苏格纳底斯河西南一带的地方，建立了自己的国家，即中国史书上的所谓条支。

与阿拉伯人出动的同时，游牧于里海东南的伊兰族之一支，即阿萨西斯人也由伊兰高原的北麓，长驱南下，侵入塞琉卡斯帝国的腹部，占领波斯（今伊朗），建立了一个很大的国家，这就是中国史书上所谓的安息。

与此同时，中国西北的月氏（yuè zhī）羌，因遭受匈奴的压迫，也开始了西进的行程。这个民族控弦十万，由敦煌出发，西至伊犁，越过冰雪皑皑的帕米尔高原的大雪山，像一条瀑布一样，奔腾而下，灌注于中央亚细亚的东南。他们沿途扫荡希腊人的势力，消灭了希腊人在东方的唯一避难所大夏，赶走了他们的国王，占有了他们的领土，是为中国历史上的大月氏。

留在中央亚细亚东部的希腊人，开始了他们最后的逃亡。他们大部分向南逃亡，经过濮达、高附（今阿富汗境内）南入罽宾，征服并占有了后者的土地。其余的希腊人则北徙于帕米尔高原之西北，建立大宛、休循、捐毒等小国。

分布于今日中国之西北，西至里海、黑海以北，北迄于北海之滨的伊兰种族，也形成了他们的国家或部落。如在今日吉尔吉斯一带有康居，在黑海及高加索山之北有奄蔡，在奄蔡之北有严国。

此外，在黑海西北，西至欧洲北部，则为日耳曼人的天下；自吉尔吉斯以东，东至西伯利亚之南部，贝加尔湖一带，则布满匈奴的别种，如坚昆、丁零等。这一时代的印度，即汉人所谓的身毒，则已处于月氏与希腊人的统治之下。

当此之时，假若登上帕米尔高原极目西望，我们可以看到，罗马的文化圈在扩大，野蛮人的骑兵在驰逐，希腊人在走下历史舞台。同时，我们也可以看到，在黑海与里海之北的广大原野之中，有不少的游牧种族，他们赶着可爱的畜群，唱着原始的牧歌。就在这个时候，中国的探险家张骞到了中亚细亚。

此后，罗马共和国仍然鼓起全部力气去扩展它的

狄奥尼索斯雕像（公元2世纪）

统治范围。当西汉武、宣帝时代，大汉帝国在西域建立统治之时，罗马的骑兵则在远征北非，他们先后征服了托勒密埃及，在金字塔上，升起了罗马帝国的国旗。之后又不断发动战争。到西汉中叶，罗马征服了地中海周围所有的地方，成为一个囊括欧、亚、非三洲的大国。

罗马对它吞并的广大地区，设立行省进行统治。公元前130年左右罗马共有九个行省：西西里、撒丁尼亚（及科西嘉）、山南高卢、西班牙、阿非利加、伊利里亚、马其顿、阿卡亚及亚细亚。罗马通过多种手段对这些行省进行掠夺。

罗马共和国的手工业并未达到古典世界的较高水平，然而它的商业和高利贷活动却跃居奴隶制社会的高峰。伴随着罗马商业、高利贷业的发展，兴起了一个专门从事这项活动的社会阶层——骑士。凡是富有资财的商贾金融之家都属于骑士。

海外霸权的确立和财富的大量积聚，尤其是与希腊和东方世界接触的增多，使罗马人的社会风气和生活习惯发生了明显的变化。罗马共和前期那种严谨、朴实和艰苦奋斗的生活方式逐渐消失了，代之而起的便是荒诞无稽的消费和疯狂的挥霍。

据李维《罗马史》记载，罗马的奢侈之风首开于亚细亚战争之后。这次战争"第一次把青铜卧床、贵重的床罩、地毯以及其他亚麻织物输入罗马。于是，在宴会上出现了演奏竖琴的歌女，也出现了其他消闲、娱乐形式，而宴会本身也开始用极其精密的计划和很大的费用来布置"。然而，此风一开却如决堤之水，一泻而不可收拾。元老院为讨好公民，不时增加节日天数。节日期间，国家主动拨资并组织各种娱乐活动，以供罗马公民尽情欢乐。自由民的上层更是挥金如土，挥霍无度。为了显阔，他们竞相修建豪华的大厦、富丽的花园和舒适的别墅，沉溺于声色犬马之中。他们开始请专职厨师做饭，用银制的餐盘盛菜。一餐规定要多少道菜，有多少客人。

更为严重的是，普通自由民也沾染上了这种恶习。大批的自由民"都不沾镰刀和犁，而是躲在城里，宁愿流连于剧场和跑马场之中，却不愿去照管谷物和葡萄园"。他们游手好闲，鄙视劳动，过着不劳而获的寄生虫生活，"面包加竞技场"是他们最时髦的口号。国家每年都把大量的年收入用在他们身上。

先前淳朴的道德观念逐渐被遗忘，人们"崇尚财富，鄙视道德，并认为只有大量的财富才能享有崇高的光荣和价值"。

大约从公元前二世纪开始，罗马出现了占有几个甚至几十个地产和庄园的富人。为了达到赚钱的目的，地产主们开始注意用科学的方法来耕种田地。他们按照希腊人有关农田地力的观念，采用轮种制，用豆科植物恢复地力以代替两年一休耕的办法。此外，他们也开始用犁深耕，选择优良种子，来提高农作物的产量。由于行省为罗马提供了大量的粮食，意大利减少了谷物的种植，而在大片的土地上改种经济作物葡萄和橄榄，或者将耕地变成牧场，以获取较大的利润。公元前二世纪末，意大利的橄榄已在希腊的大城市出售。意大利的葡萄也在罗马享有较高的声誉。罗马的农业科学一直较为发达。它不仅吸取了希腊和迦太基的成就，而且富有创造性。公元前二世纪中期，农学家加图写了罗马第一部农业著作——《论农业》。

罗马的建筑艺术是它留给后世的一份宝贵的遗产。公元前三世纪以后，罗马主要吸收了希腊的建筑成果，广泛地采用柱廊式并饰以各种雕刻绘画，神庙之外还大规模兴建公共建筑

古罗马斗兽场

物，如剧场、水道、桥梁和凯旋门等。普遍地利用石拱结构会使建筑物更加坚固和持久，这是罗马建筑的重要贡献。罗马出于军事需要，投入大量人力、物力修筑了几条有名的"大道"。这种大道后来扩展到东西各行省及边远地区，对沟通贸易和交流文化起到了作用。"条条大道通罗马"，正反映了罗马是古代世界的政治中心。

罗马人留给人类的另一份文化遗产是罗马法。它是古代世界各国法律中，内容最丰富、体系最完善，而且对后世的影响最广泛的法律。早在公元前451—前450年，罗马政府在平民的强烈要求和压力下，颁布了罗马史上的第一部成文法典——《十二铜表法》。此后，罗马也相继颁布了一些重要的法律。但从法律内容来看，公元前三世纪中叶以前的罗马法，全都属于公民法，主要内容是有关罗马共和国的行政管理、国家机关及一部分诉讼程序的问题，其适用范围仅限于罗马公民。公元前三世纪中叶，罗马产生了用来调整罗马公民和异邦人之间、异邦人与异邦人之间民事法律关系的法律——《万民法》。《万民法》是罗马司法体系中的一个重要组成部分，也是比较成熟的部分，是后期罗马法的基本内容。到公元前二世纪，《万民法》又有了新的发展。

墨菲在《亚洲史》中写道："于是，中国和罗马这两个在领土大小、发展水平、国力和成就方面都相近的帝国，除旅行者讲述的故事外，基本上互相不了解。如果中国人与罗马或印度帝国及其先进文明有过接触，他们很可能在这种经验的基础上形成了一种不同的更开放的对待外部世界的态度。与中国一样，罗马和孔雀印度都修建了道路、堤防和规划完善的城市，在扩张主义的世界性体系下融合了不同的文化，与自己帝国边境的'野蛮人'进行斗争。三国之中，汉帝国最大，也可能人口最多和最富裕，尽管它的文化发展水平和技术成熟程度也许与古印度和罗马相当。"

公元前三到公元前一世纪，尽管西方的罗马通过施尽全力向繁荣鼎盛迈进，但是始终未能挣脱奴隶制社会的藩篱。而此时的中国，早已跨入了封建制社会，并在公元前221年诞生了中国历史上第一个统一的中央集权的封建国家——秦，从而拉开了走向统一、繁荣、强盛的新时期的序幕。

【第二章】
建“万世”帝业 立一统之制

　　曾经是西陲诸侯的秦国，在历代君王的治理下，特别是在商鞅变法以后，日益强大起来。经过一百多年的征伐厮杀，先后消灭了东方的韩、赵、魏、楚、燕、齐六国，终于在公元前221年结束了春秋战国时代诸侯割据称雄的局面，在中国建立起了一个统一的封建王朝——秦。从此，中国历史又翻开了新的一页。

　　在东至大海、西至甘肃西部、北至鄂尔多斯草原、南至今日越南中部的秦朝的广袤国土上，已经听不到战国时各国争雄的鼓角声，看不到攻城略地的战火狼烟。作战的兵器被政府收缴后铸成了无数的大钟和各重一千石以上的十二座金人，矗立于咸阳城内。普通的百姓除从事各种徭役和兵役外，将更多的热情投入到“男耕女织”的农业生产之中。创造这一历史奇迹的是秦始皇,他本名嬴政,于秦昭王五十六年(公元前259)降生于赵国,卒于秦始皇三十七年(公元前210)。

秦始皇留给后世太多的谜团,他的亲生父亲是谁?他的长相如何?他的皇后又是谁?他的名字是"正"还是"政"?他为自己修筑的陵墓内部到底是什么样?这些问题迄今都难以找到令人满意的答案。然而他横扫六合、一统天下和巩固统一措施的壮举却永载史册。

首创"皇帝"称号

"秦王扫六合,虎视何雄哉!飞剑决浮云,诸侯尽西来。明断自天启,大略驾群才。收兵铸金人,函谷正东开。"公元前221年统一天下后,秦王嬴政将昔日的王冠换成了前后各垂挂十二根玉串的旒冕,踌躇满志的嬴政觉得一切旧有的君主称号都与他伟大基业开创者的身份不符。

战国以前,统治者最尊贵的称号是王,天神最尊贵的称号是帝。自从诸侯称王后,王已失去了最高的地位,于是帝代替了王成为最尊贵的称号,而另用本有光大之义的"皇"字称最高的天神。但由于东方齐国与西方秦国的国君都争着称"帝",这样帝在人间又失去了最高的地位了。无奈之下,他又把"皇"字挪下来。秦国的神话里有天皇、地皇和泰皇,而以泰皇为最贵。
当嬴政下令让那些
见闻广博的博士们
商议，找出一个最
尊贵的称号时，李
斯等人便建议使用
"泰皇"。但秦始
皇并不满意，把
"泰"字除去，只
取一个"皇"字，
另外再添上"帝"
字，合成 "皇帝"
一词。从此以后，
"皇帝"就成为国

秦始皇像

家最高统治者的称谓，一直延续了两千多年，直至1912年被废
止。

　　"皇帝"称谓的出现，不仅仅是简单的名号变更，它反映
了一种新的统治观念的产生。嬴政合皇与帝二字为一，"说明
他觉得仅仅做人间的最高统治者还不满足，还要当神。或者说
他认为仅仅用人间最高统治者的权威还不足以威慑臣民，必须
借助神的力量为他的权威再涂上一层神秘的光圈"。皇帝称号

的出现乃是神化君权的重要手段。皇帝称号出现后，嬴政便自称"始皇帝"，并正式规定，自己死后将皇位传给他的子孙，子孙称二世、三世，以至万世。尽管后来皇位仅传到二世，秦国便土崩瓦解了，但由秦始皇开创的皇位继承制度却保留了下来，秦始皇本人也成为了中国历史上的第一位皇帝。

为了使皇帝的地位神圣化，秦始皇规定：废除周代通行的在君主死后追加谥（shì）号的制度，认为品评君主生前行为的好坏是以子议父，以臣议君，以下议上，是大大的不敬；不允许普通的人再使用"朕"字，"朕"字专供皇帝一人使用，朕本为"我"的意思，以前任何人都可用来代称自己，但此时谁再敢使用则面临着"杀无赦"的危险；皇帝的命令称为"制"或"诏"；平时书写行文中不准提及皇帝的名字，各种文件上遇到"皇帝"、"始皇帝"等字时，都需要抬头、顶格书写；只有皇帝所用的印章才能称为"玺"，其实以前一般人用的印章都可称为"玺"。这些繁琐的规定，其目的无非是想强调皇帝多么的与众不同，加强了皇帝在人们心目中的神秘感。

同时秦始皇又接受了邹衍的"五德终始说"。按"五德终始说"，自然界中的金、木、水、火、土——五德，相生相克，终而复始，循环不已。某一个朝代属于某一"德"，一朝一代按照一定次序替代。秦始皇宣布，周是"火德"，秦代周是以"水德"代替了"火德"。水德同黑色、数字六是联系在一起的，所以秦始皇确定了皇帝称号后，便下令改黄河名为"德水"，以冬天十月为每年的第一个月，以黑色最为尊贵，各种涉及"数名"的形制都设法与"六"联系起来，崇尚法家学说，等等。不难想像，秦始皇的龙袍应该是当时最尊贵、最流行的黑色。这种借助"五德终始说"来论证改朝换代合法化和加强皇权、巩固皇位的方法，为后世历代君王所承袭。

首创三公九卿制和郡县制

在统一全国后，面对空前广袤的土地和众多的人口，采取怎样的形式来进行统治是一个亟待解决的问题。

秦始皇创建了前所未有的帝国体制，在中央实行三公九卿制，在地方实行郡县制。所谓三公九卿制，只是一个习惯说法，实际上中央的官职设置，并不止三公和九卿。

通常所谓的三公，是指丞相、太尉、御史大夫。丞相辅佐皇帝总管行政事务，是百官之长，统领全国的文官。太尉名义上协助皇帝掌管全国军务，但他无调兵遣将的权力，全国军权始终归皇帝一人掌管。御史大夫协助皇帝监察百官，是皇帝的耳目，在巩固皇权方面发挥着重要作用。三公之下，设有九卿：廷尉掌管司法；治粟内史掌管租税收入和财政开支；奉常掌管宗庙祭祀仪式；典客掌管民族事务与对外关系；郎中令掌管皇帝侍从保卫；少府掌管皇室财政与官营手工业；卫尉掌管宫廷警卫；太仆掌管宫廷车马；宗正掌管皇室宗族事务。

"三公"各司其职，互相牵制，"九卿"互不统属，都直接隶属于皇帝一人，他们都由皇帝任免，概不世袭。尽管三公和九卿中的一些官职，早在战国时代就出现了，但是组建成为从中央到地方基层的一整套完备的官僚机构，却是秦始皇开创的。事实证明，三公九卿制是与封建君主专制的中央集权的统治相吻合的一套严密的官僚体系，为后来历代封建王朝所承袭并有所发展。

就在刚刚统一后，丞相王绾（wǎn）便建议，采用以前周代分封诸侯的办法，将秦始皇的各个儿子封为诸侯以便统治偏远的燕、齐、楚等地，以拱卫京师，这一主张得到了众多大臣的支持，但是廷尉李斯却力排众议，坚决反对。他说：西周初年分封周王子弟亲属很多，但传到后世亲戚关系疏远，相互攻伐如同仇敌，兼并战争永无

秦·"杜阳左尉"印，"杜阳"为秦置县，印文为小篆体

18

休止，周天子也无法制止，到现在好不容易才统一天下。分封诸侯是天下战乱不止的根本原因。秦始皇接受了李斯的建议，于是在全国建立了直属于中央的郡、县。秦统一之初，于全国分设三十六郡，后来扩展到四十六郡。郡的长官是郡守，掌民政；郡守之下为郡尉，掌军事；另外又设郡监御史，掌监察。每郡之下设若干县，县按照大小设立县令或县长。县之下设乡，乡设有负责教化的三老、负责赋税诉讼的啬夫和负责治安的游徼。乡之下为亭、里，亭设亭长，里设里正。郡守的任命权直接归中央，这样就将地方的大权完全集中于中央，从国体结构上保证了中央对地方各级的控制。具体的史实向我们昭示出，郡县制是国家实现中央集权的有效制度，郡县制代替分封制是历史发展的巨大进步。

首次统一文字、货币、度量衡及道路、车轨

文字的统一与发展是文化进步的前提。但是，战国时期由于长期分裂割据，各国的文字极不一致，这给统一后的秦朝推行政令和文化交流造成严重障碍。秦始皇统一全国后，命丞相李斯、中车府令赵高、太史令胡毋敬主持统一文字，以字形固定、笔画省略、书写方便的"小篆"为标准文字，推行全国。与篆书通行的同时，在广大人民群众中又创造出一种比小篆更

加简单的新书体——隶书，这种字体将篆书圆转的笔划改为方折，结构平整，书写方便，成为在民间和政府文书中使用较为广泛的字体。秦代统一文字，使小篆和隶书成为全国通行的字体，意义非比寻常。此后，尽管有政权更迭、诸侯割据、方言有别的现象，但文字却始终是统一的。诚如《剑桥中国秦汉史》所指出的那样："这项秦代的改革，是汉代逐步发展的进一步简化字体的必不可少的基础，结果是楷体字从此一直成为通用文字。""如果没有秦的改革，不可想像，几种地区性的不同文字可能会长期存在下去。如果出现这种情况，不能设想中国的政令统一能够长期维持。在造成政治统一和文化统一的一切文化力量中，文字的一致性几乎肯定是最有影响的因素。"

战国时期不仅各国自铸货币，而且在一个诸侯国内的各个地区也都自铸货币，其形状、大小、轻重各不相同，计算单位也不一致，这些都严重影响了各地区之间经济的交流和发展。公元前211年，秦始皇下令统一货币，废除六国旧币，制定新的统一货币，规定货币分二等，黄金为上币，以镒（yì）为单位；圆形方孔的铜钱为下币，以半两为单位。币值统一后，克服了过

秦·"半两"钱

去使用、换算上的困难，便利了各地商品交换和经济交流。而秦代圆钱的形式，一直沿用了两千多年。

战国时期，度量衡制度也相当混

秦·"八斤"铜权。权身铸"八斤"二字，并刻秦始皇统一度量衡的诏文

乱。秦统一后，把商鞅变法时制定的度量衡制度推行到全国，并专门颁发诏书。度量衡的统一对于消除各地割据势力的影响，促进社会经济发展起了重要作用。

由于长期战乱，战国时期各诸侯割据势力在各地修筑了不少关塞、堡垒。同时，由于各国道路宽窄也不一致，影响交通往来。秦统一中国后，立即下令拆除阻碍交通的关塞、堡垒。公元前220年，修建以咸阳为中心，呈一巨大弧形向北、东北、东面和东南辐射的一批称为"驰道"的帝国公路。秦国的驰道主要干线有两条：一条是从咸阳经过洛阳、开封、泰安直达渤海之滨的琅玡山；另一条从咸阳经云梦、金陵、镇江、绍兴至东海。共跨越今陕西、河南、山东、山西、湖北、湖南、安徽、江苏、浙江、四川、河北等十一个省，长达数万里。驰道构筑之精、规格之高，前所未有。道宽五十步，道旁每隔三丈种一株青松，路身筑得坚固而深厚，遇到容易崩坏的地段，就打下铜桩。道路最中央的三丈为皇帝专用的"御道"，两侧种植树木以做界限。在公元前212年，又修建直道，从咸阳以北不远的云阳出发，直达今日包头市西南秦九原郡。这些"驰道"、"直道"，再加上统一中国后修筑的西南边疆的"五尺道"，以及在今湖北、江西、广东、广西之间修筑的"新道"，构成了以咸阳为中心的四通八达的道路网。"一个必定是非常粗略的估计得出秦帝国的道路总长度约为六千八百公里"，而公元150年左右，"从苏格兰的安东尼努斯城墙至罗马，再至耶路撒冷的罗马道路系统的总长度约为五千九百八十四公里"。

四通八达的道路把全国各地紧密联系起来。同时，秦朝又规定道路和车轨的宽度是相同的，便利了交通往来，对促进当时各地的经济、文化交流有积极作用，在军事和政治方面也具有重要意义。

始建万里长城

巍巍万里长城，如龙腾蛇伏，逶迤绵延在我国北疆的千山万壑之上，至今仍以其雄伟的气势和壮美的风姿，吸引着世人的目光。

尽管长城在秦统一之前就出现了，但"万里长城"却是秦始皇的杰作。秦统一中国后，秦始皇派蒙恬率兵北逐匈奴，将匈奴从阴山、河南地赶走，但匈奴的实力并未受到致命的打击，对内地的威胁依然存在。为了时刻防备匈奴人的进攻，秦始皇决定修筑一条新的长城。这条新的长城西起临洮，东至辽东，沿广阔的黄河，依峻峭的阴山，经蒙古草原，蜿蜒曲折，东西延袤万余里。在过去秦、赵、燕三国旧有长城基础上，修葺、增补、新筑，将北方的长城连接起来，成为秦王朝北方的屏障。

开帝王陵寝制度之先河

秦始皇是中国历史上的第一个皇帝，他不仅开创了中国封建社会的政治、经济、军事制度，而且还开创了帝王的陵寝制度。

陵寝，又称园寝，即帝王陵墓之寝殿，其建筑布局主要由"寝"和"便殿"组成。君王之墓最早称陵始于春秋战国。到秦惠王时，规定"民不得称陵"，从此以后，"陵"便成为帝王墓葬的专用名词了。到秦始皇时，认为自己"德兼三皇，功高五帝"，将"陵"改为"山"，称自己的"陵"为"骊山"，同时开创了中国封建帝王墓葬制度。

　　寝便殿制度虽然在秦东陵有所发现，但是形成规模则在秦始皇时期。自秦始皇起，把祭祀地点由陵上移至陵侧，形成了陵侧起寝、陵旁建庙的制度。这种制度在中国延续两千余年。

　　陵邑制度也始于秦始皇陵。秦始皇十六年，“置丽邑”，丽邑是为秦始皇陵而设立的，开了中国历史上帝王陵设立陵邑之先例。在皇帝陵园建神道、立石刻也始于秦始皇陵。

　　秦始皇刚刚即位便修建陵墓。统一六国后，征发七十万所谓的刑徒大事修筑。据记载，这座陵墓高五十丈，周围五里多，上面种植草木像座山林。里边修建了设置文武百官座次的殿堂，藏满了各种珍宝奇巧器物，还用水银做成江河大海的模型，用机械使其灌输流动。又用珍珠宝石制作成日月星辰以象

秦始皇陵

征天空，还铸造金银的凫雁蚕雀等动物陈列其间。又用鱼膏做成灯烛，作为地宫永久的照明。同时，还设置了许多暗藏的机关，以防止日后有人偷盗。举世闻名的秦兵马俑仅仅是秦始皇陵的一部分而已，但其雄奇壮美已震动世界，至于整个皇陵之豪华宏丽，不难推想。

秦始皇陵封土之高大、规模之恢宏、建筑之精美、埋藏之丰富、耗费之巨大、历时之久长，亘古未有，举世无双。

总而言之，秦始皇陵是我国历史上第一个皇帝陵园，它不仅继承了战国时期各国王陵的制度，而且在布局结构上有了重大发展，形成了自己的特点，对此后帝陵的布局产生了深远的影响。

开封禅泰山之先例

秦始皇一生五次出巡。第二次出巡开始于公元前219年，这次出巡的主要内容是前往泰山举行封禅大典。"封禅"是我国古代帝王祭天拜地的隆重大典。在春秋战国时代，齐、鲁为文化中心，而齐、鲁人心目中，泰山则为最高的山，因此人间的帝王应到泰山上去祭上帝，报告功业，答谢上帝，表示自己是受命于"天"。在泰山上筑土为坛祭天称为"封"，在泰山下的小山上开辟场地祭地称为"禅"，合称"封禅"。封禅被视为国家的盛典，是帝王毕生的壮举。从现存史料看，最早讨论封禅的是春秋时的齐桓公和管仲。春秋五霸之首的齐桓公九合诸侯，一匡天下，在葵丘会盟后，认为自己功绩显赫，便想到泰山封禅，管仲认为他还不够资格，最终使他打消了封禅的念头。

　　中国历史上第一个到泰山进行封禅的是秦始皇。但是封禅仪式究竟如何进行？谁也说不清楚。那些被征随从的齐、鲁儒生博士等七十人，也难形成统一的意见，并且议论不合情理，最后被秦始皇斥退。秦始皇下令从山南清除车道，登上山巅，按照自己编出来的仪式举行了封礼，又从山的北坡下来到梁父山，举行了禅礼。

泰山无字碑，据考证为秦始皇所立

在今天看来，秦始皇举行的"封禅"是一件十分可笑的迷信活动，但在当时却影响深远。整个封建社会都把"封禅"看作最为重大的盛

秦·铜箭头

典，大文豪司马相如在死前特意留给汉武帝一本专门阐述封禅的遗书，大史学家司马迁的父亲司马谈以未能跟从汉武帝前往泰山举行封禅大典而遗恨终生。封建社会对封禅之重视，由此可见一斑。踏着秦始皇的足迹，前往泰山举行封禅大典的有汉武帝、汉光武帝、唐高宗、武则天、唐玄宗、宋真宗。

统一的多民族封建国家的形成

秦灭六国后，在民族融合的基础上，开始建立一个统一的多民族的封建国家。匈奴族是居住在我国北方地区的游牧民族之一，对开发祖国的北方起了重大的作用。战国时期，匈奴已跨入奴隶社会，奴隶主贵族利用骑兵行动迅速的优势，经常深入中原地区，对以农业为主的内地各族人民进行袭扰和掠夺。

秦始皇统一六国后，为了保证北部边境的安全，于公元前218年派大将蒙恬率三十万大军进军河套，征伐匈奴，收复河套地区之后在那里设郡县。

先秦时期在我国南部和东南部，居住着众多的越族，他们各自独立，互不统属。秦始皇在统一六国以后，命令屠睢（suī）指挥五十万大军，分五路南下，对居住在今两广地区的南越和西瓯进行大规模的战争。为了运输粮饷，又开凿灵渠，沟通湘江和漓江之间的交通，之后花费数年时间最终征服了越族，设置郡县。后来又迁徙五十万人戍守五岭，与越人杂居。

经过对匈奴、越族的战争，秦王朝成为当时世界上最大的国家，各族人民之间的经济、文化联系进一步加强，在此基础上形成了一个统一的多民族的封建国家。

秦·小篆铭文砖。共12字铭文："海内皆臣，岁登成熟，道毋饥人。"

秦始皇和后来的汉武帝，都是集大功与大过于一身的历史人物。秦始皇历史功绩之大，前无古人，明代李贽称其为"千古一帝"，国学大师章太炎则称"虽四三皇，六五帝"，也难以与秦始皇的功业相比。但是，毋庸讳言，秦始皇也是一位稀世的暴君。严刑峻法，横征暴敛，滥用民力，穷奢极欲，正所谓"金无足赤，人无完人"。尽管如此，他仍不失为一位对我国历史发展做出过重大贡献的历史人物。

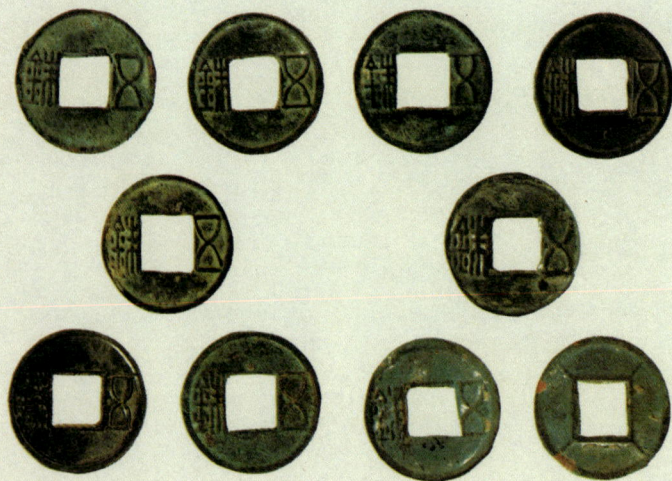

汉·"五铢"铜钱

第三章

励精图治　思臻盛业

> 秦皇汉武时代，统治者以发展国计民生为己任，以达到太平盛世为目标，励精图治、奋发图强，从而为封建社会第一个鼎盛时代的到来打下了坚实的物质基础。

重视农业　轻徭薄赋

自秦商鞅变法以来，奖励耕织和大力发展农业作为一项基本国策，历代相沿不替。秦亡汉兴，战火频作，社会生产受到极大的破坏，民生凋敝，百废待兴。汉高祖刘邦建汉后，实行与民休息，轻徭薄赋政策，致力于恢复与发展农业生产，惠帝、吕后继续秉承这一政策，从而为社会秩序的稳定打下了基础。文帝即位后，进一步推行与民休息，轻徭薄赋政策，再经景帝的继承与发展，从而形成了历史上著名的"文景之治"。

　　文帝仁孝宽厚，即位之初，就连续下了两道诏书，表明他爱护百姓、体恤民情、关心鳏寡孤独等社会弱势群体的态度。出于对农业与农民的关切，第二年（公元前178）春，他又下诏明确表示要以农立国。同年九月再下诏书，强调农业是天下苍生之根本。

　　在推动恢复与发展农业方面，文帝本人率先垂范，不遗余力。文帝十三年（公元前167）春，为了劝课农桑，文帝亲率百官耕田，并命皇后率后宫众人采桑，以为天下表率。为了提倡节俭之风，他还以身作则，裁减了自己的侍卫。此后，朝廷又多次重申劝农之旨，倡导重农风气，对官吏中劝农不力者加以惩戒，并诏令各地基层官吏设置"常员"，督促百姓务农力田。在各地按户口比例设置三老、孝悌、力田等吏员，通过适当的赏赐，鼓励农民发展生产。

"汉并天下"瓦当

　　农业与气象关系密切，各种自然灾害严重地影响到农业生产的发展。文帝后元年间，水旱、瘟疫、蝗虫等天灾频繁，粮食歉收。朝廷对此十分忧虑，遂下令各级官员，命令他们一方面查实灾情，另一方面要反躬自问，是否因以前过度的奢靡而使百姓无力抗灾。为了战胜天灾，文帝与丞相、列侯商议后下令：各级官员都要献计献策，凡是有利于百姓脱离困境的皆可直言，勿须隐瞒。为了切实减轻百姓负担，朝廷要求各级官府减少铺张，尽可能地减少百姓的徭役。

农民负担，无外乎赋税徭役。汉时朝廷规定的赋税和徭役主要有田赋、算赋、更赋、户赋、献赋等。为了鼓励农民的种田积极性，朝廷大规模地减免农民的租税负担。文帝十二年（公元前168），"除田租税之半"，即把十五税一的税率，降为三十税一。在文帝十三年，朝廷再发诏书：免收天下租税。文帝在位期间，朝廷有十三年没有向农民收取租税。这样的政策在农业社会里是极为罕见的，它极大地调动了农民种粮的积极性。此外，朝廷还把每年的算赋（对成年人征收的人头税），由过去每人每年一百二十钱减至四十钱，徭役则由每年服役一个月减至每三年服役一个月。为了鼓励生产，朝廷还开山河之禁，把原归国家所有的土地和山林资源向百姓开放，任民垦耕。

由于实行了种种鼓励生产的政策，农业生产呈现上升趋势，但民间贫困日久，国家仍无积蓄。自战国后期形成的背本趋末风气重新抬头，奢靡淫秽之风日长，百姓纷纷弃农经商，严重地影响了农业的正常发展。早在文帝执政初期就有人提出，天下饥馑，多是由于从商者众多，威胁了农业生产。譬如，酿酒造成了谷物的缺乏，而蓄养牲畜又与民争食。文帝对农业的重视使这种局面有了根本的改观，但农业的兴盛，又使得粮食价格降低，随之而来的商业的活跃，以及盐铁业的发展，则又给大商人乘机囤积居奇、侵害农户提供了便利条件，出现了谷贱伤农的现象，农商之间的矛盾再次突出。

政论家贾谊、晁错等人很早就洞察了这一问题及其症结所在。贾谊痛斥弃农经商、奢靡淫秽为天下之大残、大贼，指出弃农经商者已给社会蒙上了巨大的阴影，种粮食的人少而吃粮食的人多，是社会贫困的主要原因。他提议朝廷要重农抑商，使天下人都能自食其力。晁错进一步建议实行贵五谷而轻金玉的政策，推行轻爵贵粟的措施。为了彻底扭转农商的本末倒置的局面，朝廷采纳贾谊和晁错的建议，招募天下民众保粮安农。朝廷规定：凡是为国家提供粮食的可赐爵，可赎罪。民户为国家输送粮食到边境，六百石即赐上造（二等爵）爵位，逐级增加，运到四千石的，赐五大夫（第九等爵）爵位，运到一万两千石的赐大庶长（第十八等爵）。等到边疆的粮食既足，即可储备到各郡县；郡县储备满一年，免收田租。这样一来，粮价就不会过低，农民就不会破产。国家保住农业这个重心，社会也就安定了。

景帝即位后，继承了先辈休养生息的政策，并使之更加系统化、制度化。针对户籍管理制度在灾荒年间可能出现的弊端，景帝于元年（公元前156）春正月下诏，及时调整了人口和土地政策，适时改变了不准百姓迁移的规定，允许百姓从土地少的地区迁移到土地有余、水利条件较好的地方。同时，将田租确定为文帝时实行过的三十税一。从此，这种赋税制度成为汉之定制，农民负担比起前代有明显的减轻。

景帝也曾多次申明以农业为立国之本，强调重本抑末。他在诏书中语重心长地说，农业是天下的根本，金玉珠宝，饥不可食，寒不可衣，都不如谷物和丝麻。后元二年（公元前142）四月，朝廷下令各路官员不准收受郡国贡献的锦绣等奢侈品，以省徭赋，而鼓励多务农桑，以使谷物丰裕，达到即使灾害之年也有备无患。

西汉·大铁铧

水利是发展农业生产的重要基础。秦始皇对水利事业表现出极大的兴趣和耐心。秦王嬴政即位元年（公元前246），水工郑国领导当地人民修建了一条长三百余里的水渠，引泾水向东注入洛水，水渠经过之地，既可用渠水灌溉土地，又因渠水含有大量泥沙，对改造关中盐卤地具有重要作用。从此，关中成为沃野。人们为纪念领导修渠而不顾个人安危的郑国，称这条渠为郑国渠。

汉武帝继承了汉朝前期重视水利建设的好传统。武帝时期
兴修的水利工程，无论在规模上，还是在技术和类型上，都较
以前有了重大发展。这些大型水利工程的修建，有力地促进了
黄河中游地区农业生产的发展。朝廷曾派人在关中地区组织人
力开凿了几条较大规模的灌溉渠道，武帝亲自到工地上指挥施
工。元光六年（公元前129），大司农郑当时鉴于大宗货物远距
离运输多靠水运，每年须经黄河从关东漕运百余石粮食进京，
以支付百官俸禄。其运程远，运期长，费用高，故建议开漕
渠，以缩短运程，减少费用，并可获得灌溉之利，一举多得。
武帝很快采纳了郑当时的建议，令著名水工徐伯勘察设计，征
发几万民工开凿了与渭河平行的漕渠。漕渠在渭河南岸，西起
京师长安，傍渭河东行，流经临潼、渭南、华县、华阴，直到
潼关附近注入黄河，全长三百多里，用了三年时间才修成。渠
成后，经此渠漕运关东粮食到长安，比原来经渭水漕运缩短了
六百里，运期减少一半，仅三个月即可运完，不仅大大节省了
人力、运费，而且使河渠两岸万余顷民田获得灌溉，使农业增
产丰收有了进一步保障。

与此同时，朝廷还调集一万多劳力开凿了龙首渠，引洛水
灌溉农田。龙首渠长十余里，是我国历史上第一条地下水渠。
因施工中挖掘出"龙骨"，即恐龙化石，因而得名。渠道经过

商颜山，由于这里土质疏松，渠岸易崩毁，不能采用一般的施工方法。水工们发挥聪明才智，想出了利用地下水的妙法，改明渠为暗渠。他们先在地面开凿水井，深达数十丈，再在地下挖渠道，相隔一定距离凿一眼井，使井下渠道相通。这样，既防止了塌方，又增加了工作面，加快了工程进度。这是我国水利技术的一个重大创造，后来这一方法传入西域，便发展成当地独特的灌溉形式——坎儿井，成为当地一个独特的人文景观。

武帝太始二年（公元前95），朝廷在泾水上又开白渠，因此渠为赵中大夫白公建议修成而得名。白渠位于郑国渠之南，走向与郑国渠大体平行，西引泾水。首起谷口，尾入栎阳，东注渭水，全长近二百里，灌溉农田四千五百余顷，对关中平原的农业生产和经济发展起了重要作用。元鼎六年（公元前111），左内史倪宽主持在郑国渠上游修了六条辅助的小渠，用来灌溉郑国渠周围的农田，称为六辅渠。在六辅渠的管理方面，倪宽提出了"定水令，以广溉田"的用水规定。水令即农户用水的法规，是我国历史上最早的灌溉用水的规定。水令的实施保证了科学合理地灌溉，扩大了浇地面积。这是农田水利管理史上的一个重大进步。

与此同时，朝廷对经常发生水患，危害黎民的黄河，也积极进行了治理。文帝前元十二年（公元前168），黄河决口，文帝兴卒堵塞。其后三十余年，黄河不曾有过大的水患，黎民得以安居耕稼。武帝时期，黄河沿岸屡遭河水泛滥之灾，农民流离失所。元封二年（公元前109），武帝到泰山封禅后，在回长安途中，路经濮阳境内时，亲临黄河决口处，发卒数万人堵塞瓠子决口，沉白马玉璧于河中，祈祷水神。又令将军以下的官员都抱柴放置于决口处，使黄河之水重归故道而北行。随后，朝廷又在堤上建筑起宣防宫，以镇水灾，终于使梁、楚等地解除水患，百姓复得安宁。决口堵塞后，黄河八十年间未再发生大的水灾，为沿岸农业的发展提供了保障。

由于长期实行减免田租、兴修水利的政策，农业得到顺利发展，天下富足，社会经济逐步从低谷中走出，国家出现了前所未有的繁荣景象。秦汉嬗代之际，兵连祸结，灾害频作，百姓散亡，人口锐减；到了文景之世，在外流亡的人都有所依归，户口繁殖迅速，豪门富户达到了三四万户，而小家小业者也比以前翻了几番，百姓生活安定，社会经济呈稳定增长的态势。据史书记载：经过文景两代约四十年的努力，汉王朝国力迅速强盛起来，百姓的生活也有了较大的改善。非遇水旱大灾，百姓家家富裕丰足。郡县的仓库都堆满粮食，官府财物充裕。首都国库中的钱成万上亿，堆久了连穿钱的绳子都朽坏了，钱都没法数清。太仓中的陈粮一年压一年，堆不下便溢出库外，以致腐坏不可食用。汉初极匮乏的马，这时在普通街巷中也随处可见，原野上更是良马成群。一般人骑马也讲究起来，只骑公马而耻于骑母马，骑母马赴会将被人家赶出来。汉初那种国力窘弱的局面早已毫无踪影。武帝正是凭借文景时期丰裕的物质储备，经略边疆，齐政修文，成就了汉朝的宏伟大业，他本人也成为历史上杰出的人物。

厉行节俭　主张薄葬

为了使国家快点富强起来，汉文帝既注意开源也注意节流。在加速发展经济的同时，他倡导俭朴，并以自身为表率。他在位的二十三年里，国家虽日渐富裕，但无论是起居的宫室

汉文帝乘步舆图（北魏彩漆屏风）

还是游乐的园囿，无论是护卫的车骑还是后妃的衣着用具，全都遵循过去的定制，绝不乱耗钱财。他自己衣着非常普通，他最宠幸的妃子慎夫人也"衣不曳地"，宫中的帐幕绝不用织锦绣花的奢侈品。

按汉代制度，皇帝总是在身前为自己修庙。文帝也在长安城南为自己修了一座庙，名叫顾成庙。庙宇规模不大，而且相当简朴，就像是转眼回顾之间便可建成，因而取名"顾成"。文帝要兴办的事若与百姓的利益、经济的发展有冲突，他总是放弃自己的想法。有一次他想修一座露台，匠师们一核计说需

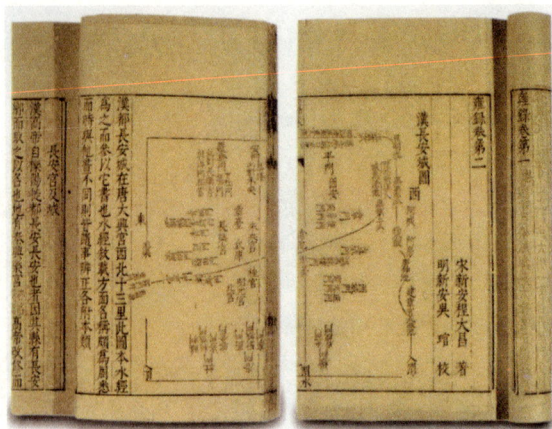

宋人程大昌《雍录》中的汉长安城图

花费"百金"。文帝一听赶紧打消了这个念头，他说：这已相当于十户中等人家的财产了，我住在先帝的宫室中都深怕对不

起他们创业的艰辛，还修露台干什么呢？

古人好宝马，犹今人喜名车。身陷绝境的霸王项羽以其骏马赠与乌江亭长而后自刎；汉武帝为求汗血宝马强征大宛；唐太宗喜其骏马而以"昭陵六骏"陪葬，都是古人喜马的例证。其实，汉文帝也非常喜欢宝马。《西京杂记》记载，汉文帝有良马九匹，都是天下难得的骏马，"一名浮云，一名赤电，一名绝群，一名逸骠，一名紫燕骝，一名绿螭骢，一名龙子，一名麟驹，一名绝尘"，并称为"九逸"。喜好宝马良驹的汉文帝即位后不久，便有人来献千里马。他下诏说：皇帝出行，前后总有大队的车马仪仗，一天不过走三五十里路，我哪里用得上千里马呢？于是下令把马退了回去。他深感这种逢迎之风不可开，又立即下诏说自己不接受任何献礼，断然制止了这种浪费钱财、贻害百姓的事。

文帝不仅生前俭朴，死后也令薄葬节礼，以移风易俗。他在遗诏中说，现在世上的人们都想长寿而不愿死，一旦死了又倾家荡产地厚葬，我很不赞成这样做。他遗令将自己葬在长安东南的霸陵，随葬器物一律使用陶器，不许用金银作装饰；坟墓也因山而成，不堆封土。汉代皇帝从死到下葬至少有一百多天，其间天下吏民为之服丧，礼节繁复，下葬后又有重服之礼。文帝在遗诏中下令大加兴革，令天下吏民三日后即除去丧服，停丧期间也不禁止百姓嫁娶等活动，以免影响百姓的正常生活，下葬后的重服制度取消。文帝还下令将宫中自"夫人以下至少使"的大量妃嫔们，全都遣归其家。

文帝薄葬节礼很受后人赞赏。三国时，蜀汉丞相诸葛亮就援引文帝为例，在处理刘备丧事时革除了繁复的丧礼，下令天下吏民三日后即除去丧服；魏文帝曹丕也以汉文帝为榜样，遗令国内只服丧三日。

选练贤能　礼尊教化

为治之要，务在得才。文帝深知这个要诀，他即位后不久，便下诏要天下举荐"贤良方正能直言极谏之士"，同时注意从官吏中选拔能人，破格提拔，委以重任。

文帝即位的第一年里，得知河南郡郡守吴公治绩为天下第一，便提升他为廷尉。吴公推荐贾谊，文帝便任命贾谊为博士。张释之原任骑郎，默默无闻十来年。文帝发现他很有才干，便提升他为谒者仆射。张释之直言敢谏，太子违法他也敢挡驾，文帝更加器重他，提升为太中大夫、廷尉。张释之任廷尉多年，执法公允，有助于当时社会的稳定。晁错本任太子家令，他上书言事，提出移民实边、"入粟拜爵"、"入粟助边"，被文帝采纳，成为当时防备匈奴的良策，文帝将他提升为太中大夫。冯唐当众顶撞文帝不能任用良将，气得文帝拂袖而去。但文帝迅速压下怒气，主动召见冯唐，认真听完他的话。见冯唐确有真知灼见，文帝不但派他持节出使，而且将他从中郎署长破格提升为车骑都尉。

汉武帝在重视人才方面，直追文帝。他即位不久，为了加强朝廷的权威，连续多次大规模征召才能之士，建立了一整套选用官吏的制度。

此前，朝廷的高级官员，多是功臣或功臣子弟；一般官吏大都出身于郎官。郎官是皇帝的侍卫，人数很多，如果不是出身官家或有中等以上财产的人，很难做到郎官。从郎官中选才，就使官吏的来源很窄，不能适应朝廷各类机构的要求。当时，新兴的土地所有者力量强大，经济实力的增长，迫切要求政治上获得相应的地位。朝廷为了争取这些人的支持，采取了"破格用人"的政策，把他们中的知识分子大量提拔起来，充当朝廷和地方官吏。

朝廷任用人才主要是推荐制，即察举制。但因推荐的"人才"中官吏的亲属占了绝大多数，真正的贤才并不多。为了更好地发现和选拔人才，武帝在继续推行汉初察举制的同时，着力扩大了察举范围。

汉初，察举只有贤良和孝廉两科，武帝时朝廷又增加了儒学、明法、德行、学术等科。朝廷要求各级官吏保举贤良、方正、直言、极谏之士，听候甄别试用。著名学者董仲舒和公孙弘，就是经过"贤良"策试被重用的。董仲舒在这次推荐考试中得了第一名，武帝召见他，探询治国良策。董仲舒的一整套儒家治国思想，深得武帝赞赏。元光元年（公元前134），武帝采纳董仲舒的建议，命令郡国每年举孝、廉各一人，由此形成郡国岁举贤良的制度。岁举人才，统称为"贤良"或"贤者"，实际上包括才能之士和用传统伦理道德标准衡量应该表彰的人。荐举时若侧重于某一方面，称为举茂材、孝廉等。对于那些具备了条件而又不肯"出仕"的人，则由朝廷来"征召"。被征召的人由武帝亲自召见，认为可用的，就授予官职。

察举制度初行时，各郡国推行的力度并不平衡，有的郡竟不荐一人。为了更广泛地选拔人才，朝廷规定了严厉的处罚措施："不举孝，不奉诏，当以不敬论。不察廉，不胜任也，当免。"这样，各地方郡国才重视起这件事。

据《汉书》记载，自建元元年（公元前140）至元封五年（公元前106），朝廷曾六次大规模征召人才。除了全国性的征召荐举外，武帝对于有特殊才能的人，也常予以奖赏任用。朝廷还采用"公车上书"的办法，使官吏百姓都可以上奏章向皇帝建言国事，意见合乎要求的，就根据上书人的特长授给官职。

朝廷通过察举制度最大限度地选拔出了德才兼备的人，使大汉呈现出人才济济的盛况：大经学家、政论家董仲舒，大史学家司马迁，大文学家司马相如，大军事家卫青、霍去病，大天文学家唐都、落下闳，大农学家赵过，大探险家张骞，大音乐家李延年等等，都出现在这一时期。正如班固所说："汉之得人，于兹为盛。"察举制度为武帝时期形成的鼎盛局面奠定了人才基础。

如果说"举贤良"是选拔和任用官员的需要，"明教化"则是通过倡导、劝勉等手段，统一人们的思想，形成忠于朝廷、恪守道德伦常的社会风气。

秦、汉时期，除秦二世之外，其他统治者都很重视教化。秦始皇虽"焚书坑儒"，用法家思想治理国家，但并未忽视对臣民的教化。他巡行各地刻石颂功时，也不忘对黔首百姓的教化。1975年出土的睡虎地秦墓竹简《为吏之道》，通篇充满了儒家的教化色彩。汉高祖和文帝重视思想文化教育和引导民众，武帝更是如此。他将乡里的教化与严格遵守等级秩序直接联系起来，认为在乡间尊敬长者与在朝廷尊敬爵位高者，同是自古以来不能违背的规矩。能够严格遵守纲纪伦常的，就是有道德。武帝又将教化与举贤良密切结合起来。他认为，按照纲常伦理标准举荐出的人才，既能为朝廷效力，又可成为乡里表率，使社会上有更多的人效法他们。

兴太学和郡国学也是朝廷"明教化"的一项内容。太学是朝廷设在京师的最高教育机构，创立于武帝时期。汉初黄老之学盛行，只有私家教学，没有传授学术的学校。后来朝廷采纳了董仲舒"兴太学，置明师，以养天下之士"的建议，在京师长安设立了太学。

太学的学生称太学生，也叫"博士弟子"。他们分为两部分，一部分是太常遣派的博士弟子，共五十人，元朔五年（公元前124）设置，可免除徭役；另一部分是郡国选送、经太常批准的地方派遣生，待遇与博士弟子相同。他们都是十八岁以上容貌端正的好学青年，一般爱好文学、敬重师长、尊崇政教、顺和乡里、言行不违背其所学。太学的课程主要教授"孔子之术，六艺之文"，以儒家五经《诗》、《书》、《礼》、《易》、《春秋》作为基本教材。太学生从五经中选一经为专攻，学习过程是以自学为主，教师定期讲经。以上两部分学生学习一年后要经严格考核，并按学习成绩排出等次分派工作：上等的到皇帝身边做郎官，中等的委派到朝廷各部、院和郡国做属吏，下等即学习不及格的勒令退学。最初，博士弟子仅五十名，后来不断扩充，元帝时达到一千人，成帝时又增至三千人。

景帝末年，精通《春秋》之学的文翁为蜀郡守。蜀郡是当时比较落后和偏僻的地方，文翁在成都建立学校，招属县子弟为学校学生，并免除他们的徭役。学习成绩好的补郡县官吏，其次为孝悌力田。文翁到各地视察时，经常选一些品学兼优的学官子弟，教他们宣传教令，使人们对学官子弟称羡不已。人们都争着要当学校的学生，富裕之家更是出钱争取。结果蜀地教化大进，到京师学习的人可与齐、鲁相比。

武帝时，朝廷大力推广了文翁的办学经验，下令天下郡国都设立学校，并明经崇儒，开展礼乐教育。至此，地方办学在全国普及起来。太学和地方学校的创办，极大地提高了官员们的文化素质，从此以后，公卿大夫士吏，多是彬彬有礼的文学之士了。

抚恤孤独　力倡尊老

中华民族有尊老养老的优良传统。汉代的尊老养老之风，十分突出。传说，有一天张良在下邳圯（桥）上遇见一个老人，见老人将鞋子掉到了桥下，便为他捡起鞋并亲自为他穿上，从而得到《太公兵法》。这则故事，一方面反映了张良的良好品性，同时也反映了汉代的尊老养老之风。吕后在未发迹前曾碰到一个老人向她讨水喝，她将随身所带的食物和水分给他吃，这个老人因此给吕后相面，说吕后有大贵之命。这个故事既反映了吕后为人善良的一面，也反映了汉代尊敬老人的传统。汉自立国之后，就开始树立尊老养老的社会风尚，并颁布

汉·金兽头形空心杖首

重在优待和保护老人的法律。

汉高祖二年（公元前205）颁布诏令，规定：从乡三老中选择一人作为县三老，免除他们的徭役，每年十月由朝廷赐给他们"牛酒"（一种慰问品）。惠帝时规定：年龄七十岁以上的老人，如果触犯国家法律，按法律应接受肉刑的，都免除肉刑。宣帝时规定：对年龄在八十岁以上，朝廷赏赐给他一个王杖，老年人有了这个王杖，可以出入官府，可以行走驰道；若在集市上做生意，官府不征收租税；谁敢殴打凌辱拥有王杖的人，就犯了大逆不道的罪行。到了成帝时，将授王杖的年龄界限进一步降低到七十岁。

虽然史书记载着汉代帝王对尊老养老的重视和有关的具体措施，但一直没有实证资料，所以学者对这一制度曾表示过怀疑。后来，《王杖诏书令》、尹湾汉墓简牍和木鸠杖的出土，以及汉代画像石的发现，才真正证实了汉代尊老养老制度的真实性和广泛性。现在，人们对汉代的尊老养老制度不再有任何的怀疑。

提倡孝道，褒奖孝悌，是汉代统治者非常重视的统治方略。史学界常常说："汉以孝治天下。"汉代皇帝除汉高祖和汉光武帝之外，谥号中都带有一个"孝"字。根据《汉书》与《后汉书》帝纪，自西汉惠帝至东汉顺帝，全国性对孝悌褒奖、赐爵达三十二次。至于地方性的褒奖则更多。皇帝幸巡各地，常有褒奖赐爵的事。汉代统治者将提倡和重视孝道与教育制度、选拔官吏制度和法律制度紧密结合起来。在教育上，将《孝经》作为教育的通用教材。在选拔官吏方面，将"孝廉"作为选拔官吏的重要途径之一。如冯唐因为孝行而闻名，被举为郎官。而没有孝行的人是不能进入统治阶层的，没有孝行的官员也不能担任官吏。如陈汤当年就是因为父亲去世后，没有及时回家，而失去了一次进入仕途的机会；薛宣因为对后母没有服满三年丧，受到博士申咸的弹劾。在法律上，对于有孝行的人予以照顾，比如说父母犯罪了，儿了若包庇不向朝廷告发的话，可以不追究。相反，如果主动向朝廷告发的话，就犯了不孝的罪行，将受到朝廷的惩罚。总之，孝的思想渗透到汉代社会的各个方面，建立了以孝为核心的统治秩序，形成良好的重孝风气。

汉代铜车马

【第四章】
金戈铁马 瀚海雄风

戈壁大漠突然扬起腾天的尘雾，地面有如轻雷滚动，远看旌旗猎猎，大队的骑兵飞驰而过，这是秦皇汉武时代中国北方草原地区常见的景象。汉王朝和匈奴之间壮烈的征战，涌动着两个民族悍勇男儿的热血，公元前3—前1世纪的民族史和文化史的画面，闪耀着刀剑的寒光。

冒顿自立

无论是秦王朝的创建者嬴政，还是汉王朝的开国者刘邦，在荡平天下、登临至尊之际是多么的踌躇满志、洋洋得意，但他们的心中总有一丝莫名的忧惧，那就是来自雄踞北方的匈奴的侵袭。

匈奴属于游牧民族，其经济和社会生活最明显的特征就是逐水草而居，往来迁徙不定。同时，匈奴人习俗中，重视强健的青壮年，轻贱老弱病残；父亲死后，儿子娶他的后母为妻；兄弟死后，其他兄弟分娶他的妻妾为妻。长时期的游牧生活和不同于汉族的习俗信仰，使匈奴人勇猛彪悍，重武轻文。

在秦始皇统一六国前夕，开始强大起来的匈奴，占据着南至阴山、北至贝加尔湖的广大地区。来去迅捷、势若狂飙的匈奴人对中原王朝构成严重的威胁，他们常常把以农业生产为主的中原地区当作侵伐的对象，掠夺内地的人口、牲畜、财产。尤其是当秦始皇灭六国的最后阶段，中原战事方酣，匈奴趁机占据了河套地区的所谓"河南地"。对秦而言，匈奴占领"河南地"，犹如一把尖刀插在背后，但由于统一战争紧锣密鼓，分身乏术，只好把抗击匈奴的事暂时搁置。

秦始皇统一六国后，派蒙恬率三十万大军北抗匈奴，使匈奴向北退却七百余里，同时秦移民屯边、修筑万里长城，有效地阻挡了匈奴人的南侵。不幸的是，秦始皇三十六年

秦·错金铜虎符。铭文："甲兵之符，右在皇帝，左在阳陵。"

（公元前210），秦始皇暴死沙丘平台，秦二世胡亥即位，蒙恬被赐死，边防军失去了统帅。秦二世元年（公元前209），陈胜、吴广点燃了反抗暴秦统治的怒火，秦政府将驻防匈奴的大军调赴国内战场，镇压内乱。自此北门大开，匈奴的骑兵，又重新回到了万里长城的脚下，并且再度侵入河套地区。

就在陈胜、吴广发动农民起义的同一年，匈奴迎来了历史上最为强悍的一代雄主——冒顿（mò dú）。

冒顿是头曼单于的长子。头曼单于在位时，匈奴还保持着氏族社会废长立少和杀戮长子的野蛮制度。头曼单于想立自己所宠爱的阏氏所生的少子，于是利用这一古老的传统习惯，将冒顿送到月氏国做人质。冒顿到了月氏后，头曼想借刀杀人，立即发动了对月氏的猛烈进攻，月氏国王怀着满腔怒火，准备杀死冒顿以泻心中之恨。冒顿知道父亲发动战争的真正目的是想除掉自己，在月氏国王尚未动手之前，便偷了一匹良马，潜逃回国。头曼见冒顿归来，没有怪罪他私自逃回匈奴，反而欣赏他的勇猛，让他掌管一支万人的骑兵。冒顿利用这个机会，训练了一支对自己绝对服从的亲信部队，在跟随父亲头曼打猎时，以鸣镝射死了父亲，消灭了反对自己的人，控制了匈奴局面，自立为单于。

昙花一现般的秦王朝土崩瓦解之后，楚汉相争随之而起。此时，项羽、刘邦都将目光聚焦到了皇帝的宝座上，无暇顾及长城以外。中原动荡、边防失控，匈奴冒顿单于借机率军四处攻略：东边，灭了东胡，拓地至朝鲜界；北边，征服了丁零等五小国；南边，打败了楼烦、白羊河南王，不但恢复了蒙恬所收取的河套地，而且侵入今甘肃平凉至陕西肤施一带；西边，灭了月氏，把国境伸入汉人所谓的"西域"中，成为北部最为强大的势力。

汉高祖六年（公元前201），刘邦荡平天下，即皇帝位于氾水，成为汉朝的开国皇帝。同年秋，匈奴冒顿单于组织二十万人马，突然大举南下，将韩王信包围于马邑。韩王信兵微将寡，抵挡不住匈奴潮水般的进攻，思索再三，便献出马邑，投降了匈奴，汉王朝在北边的一道重要屏障被打破。狂悍的匈奴在韩王信的配合下，如虎添翼，兵锋很快攻入了太原郡。

刘邦得知韩王信叛降，勃然大怒，第二年（公元前200）冬十月率军北征，韩王信在铜鞮（今山西省沁县南）被击败，狼狈逃往匈奴。匈奴左右贤王率军在广武、晋阳一带与汉军周旋。时值天寒地冻，朔风冽冽，汉军士卒多被冻伤，手指被冻掉的十有二三。匈奴冒顿单于为迷惑汉军，将精锐部队隐蔽起来，把老弱残兵暴露在外，汉军不知是计，率军追击。当大军冲过句注山（今山西省代县北）时，奉春君刘敬向刘邦报告说："两国交兵，理当夸耀自己的武力，以便威慑对方，增长自己的士气。但我们看到的却全是匈奴的羸弱之卒，如果冒顿

兵马是这样，如何横行塞外，占领大漠？我听说冒顿用兵，常用骄敌之计，他消灭东胡，就是采用这

西汉·错金铭文铜虎节

种策略。我认为，我们看到的情况，一定是冒顿的诱敌之计，望圣上三思。"刘邦求胜心切，不但不听，反而说刘敬胡言乱语，惑乱军心，下令将其投入大牢问罪，自统大军，加速北进。

当刘邦率军刚至平城（今山西省大同市西北），在步兵主力尚未完全集结之时，冒顿单于率三十余万精锐部队，有如天降，以迅雷不及掩耳之势将刘邦军队围困在平城东南的白登山。刘邦大军被困七天七夜，损失惨重，最后陈平献奇计，方才脱身。平城之役是汉朝初年，汉匈之间的一次正面交锋，最后以汉朝的惨败而告终，这说明汉初国力衰微，尚不是匈奴的对手。回到长安后，刘邦接受刘敬关于和亲的建议，拉开了汉匈之间和亲的序幕。

汉匈和亲

所谓的和亲，其中心内容是汉朝公主嫁给匈奴单于做阏氏（yān zhī，匈奴单于的正妻），每年还要向匈奴赠送一定数量的絮、缯、酒、米和其他食物。另外，汉朝还要开放关市，让双方百姓互通有无。当然，这在客观上促进了汉匈人民之间经济、政治、文化上的交流。同时，汉匈双方结为兄弟或翁婿，约定以长城为界，汉中央政权与匈奴分治南北，各自为政。

白登山之围后，刘邦无奈接受刘敬建议，实行"和亲"，于高帝九年（公元前198），将宗室女翁主嫁与匈奴单于，并派刘敬前往匈奴结约。

汉匈间的厮杀声暂时停止，边陲又恢复了宁静，空旷的原野上，若隐若现地传来了几声悠扬的牧歌。

此后，尽管汉朝一直在推行和亲政策，但是，"匈奴奴隶主贵族欲壑难填，尽管他们得到了汉朝月亮般柔美、马奶般芳香的大汉公主，还有使人眩目的价值连城的金银财宝，依然不时南下侵扰内地，抢夺财物，掳掠人口，杀戮无辜，焚毁村庄，夷平良田，在边庭上架起了一座阴森森的刀山"。诚如学者所指出的那样："即使实行和亲政策的时代，汉家公主的北上与匈奴骑兵的南下，一如文化的针与线来往交织，弥合着南北的民族距离，而和平往来和战争往来长期以来一直交替发生，演出着一种婚庆之乐与厮杀之声的奇异的合奏。"

惠帝三年（公元前192），冒顿骄傲狂妄的竟然写了一封词语亵慢的情书，派使者送给新寡的吕后，信中说：我是孤独无偶之君，生于草泽之中，长于平野牛马之地，屡至边境，很想到中国一游。现在陛下寡居，而我也单身独处。这样，我和你都郁郁寡欢，无法排遣心中的苦闷。希望我们以其所有，易其所无。

轻佻诬蔑的语言使为人刚毅的吕后感到受到了极大的侮辱，她读信后，勃然大怒，召丞相陈平及樊哙、季布等进宫，商议要斩匈奴使者，出兵攻打匈奴。当年在鸿门宴上曾令项羽心寒的樊哙支持吕后，他慷慨激昂地说："臣愿统率十万将士，横行于匈奴之中。"吕后问季布意见如何，季布说："樊哙可斩！从前韩王信反叛朝廷，汉朝出兵三十二万，樊哙担任上将军，当时匈奴将高帝围困在平城冰天雪地之中，而樊哙不能解围。天下流传这样的歌谣：'平城之下也实在太受苦，将士们七天吃不上饭，饿得拉不开弓弩。'现在歌吟之声尚未断绝，受伤的人刚刚能起身活动，而樊哙却要扰乱民心，动摇天下，胡说什么要率十万之众横行于匈奴之中，这不是当面说谎骗人吗？再说夷狄好比是禽兽，得到他们说的好话不值得高兴，得到他们说的坏话也不值得生气恼怒。"精明的吕后细细思量后，接受了季布的劝谏，打消了报复匈奴的念头。她的答复是送给冒顿单于一位漂亮的公主。在给冒顿单于的回信中，她语言委婉，并且自污地说：单于不忘敝邑，赐给书信，敝邑诚惶诚恐。我退而自念，现已年老气衰，发脱齿落，腿脚不灵，走路不稳。单于误听传言，不值得自取污辱。敝邑无罪，理应得到您的宽恕赦免。我这里有御车二乘，马二驷，送给您仅供平日驾用。

冒顿看了吕后近乎自污的信后，又派使者前来道歉说："未曾听说过中国的礼义，多有冒犯，希望陛下赦免我的过错。"同时进献马匹，两方遂又和亲。很明显，冒顿致书吕后行为，是对汉朝一次严重的挑衅和侮辱，然而却有学者说，冒顿只是遵从匈奴婚俗，并无侮辱之意。稍加分析，就知道这种说法是站不住脚的。

高帝的平城之围和吕后的忍辱负重，成为汉初几代君王和人民心中难以抹去的伤痛和耻辱。

文景之世，冒顿死，其子老上，孙军臣，相继为匈

西汉·"单于天降"瓦当

奴单于，仍继续冒顿之南进政策。汉
廷不得不将宗室公主们送上北去的辎
车。但这并不能停止匈奴马蹄的南
进，到文帝后元六年（公元前158），
匈奴又一次弯弓跃马，入寇陕北，迫
近长安，前锋部队已直逼甘泉宫的大
门前。汉朝首都附近细柳（今陕西省
咸阳市西南）、棘门（今陕西省咸阳
市东北）、霸上（今陕西省西安市
东），都已划为战区。像这样的严重
威胁，一直持续到武帝初年。

汉朝颁给南匈奴的印信

刘邦首倡的和亲政策，是以弱对强的外交手段。虽然和亲
政策的效果有时并不理想，但在当时却有着积极的历史意义。
"汉以和亲的盟誓开启处理边疆人民关系的做法被历代开明政
权所采用，为民族共同体的强大和民族文化的发展做出了重大
的贡献"。随公主们远嫁的汉人，把中原发达的汉文化带到匈
奴，广为传播，使匈奴在潜移默化中，渐变风俗，提高素质，
使北方草原地区的文明向前发展。

汉代以后，胡汉杂处，各民族之间的民间通婚开始流行，
这可以看作和亲的民间化和普遍化。各民族之间的通婚对民族
融合起到了促进作用。

反击匈奴

景帝后元三年（公元前141）正月，景帝崩，十六岁的汉武帝刘彻君临天下，一改先辈们长期以来对匈奴屈辱忍让的做法，从而拉开了汉匈之间生死搏杀的序幕。

在汉武帝即位之时，汉朝经过高祖、惠帝、吕后、文帝和景帝的苦心经营，已经成为一个政局稳定、经济繁荣的国家。雄才大略的汉武帝依靠先辈们留下的雄厚国力，凭其天纵之才，在政治上完成了削弱地方割据势力加强中央集权的体制改革。在经济上推行了一系列削弱富商大贾利益，加强朝廷对全国经济命脉控制的政策，增加朝廷的财政收入。在思想文化方面尊儒术、重法治、兼用百家之学，重视人才、广开仕途、唯才是举，当时人才之盛和名臣林立的局面，后世罕与伦比。

汉武帝像

在这样坚实的基础之上，汉武帝北击匈奴，将其逐回漠北；西通西域；南定两粤及西南夷，置官设治；东征朝鲜，开置四郡。其威加海内，教通四海，经过文化的传播，政治、经济上的交流，把各族联结在一起，互为依存，初步奠定了中国辽阔的疆域基础，形成了统一的多民族大家庭，汉武帝也因此成为与秦始皇齐名的历史人物。

可以说，反击匈奴，是武帝一生中的主要活动之一，也是汉武时代最为突出的历史表象之一。即位之初，武帝就开始着手准备。

元光二年（公元前133）夏六月，汉武帝调集三十万大军，埋伏于马邑（今山西省朔县）附近，企图诱匈奴大军深入，将其一举歼灭。匈奴军臣单于率十万骑兵，来到距马邑百余里的地方，只见山野间的牛羊散布，却不见放牧的汉人，心生疑虑，从抓获的俘虏口中得知汉军的伏击计划，大惊失色，急忙引兵撤退，埋伏在山谷间的汉军无功而返，此事史称"马邑之谋"。马邑之谋虽未成功，但却揭开了大规模反击匈奴的序幕。

元光六年（公元前129），匈奴又一次兴兵南下，前锋直指上谷（今河北省怀来县）。汉武帝果断地任命没有任何作战经历的卫青为车骑将军，迎击匈奴。

卫青，字仲卿，河东平阳（今山西省临汾市西南）人，是汉武帝夫人卫子夫的弟弟，出身微贱。他的飞黄腾达虽是凭借

砖画"李广骑射图"

裙带关系，但他绝非碌碌无能之辈。从元光六年到元狩四年（公元前119）十年之间，卫青七次出征匈奴，七战七捷，创造了战争史上的神话。

这次用兵，汉武帝分派四路出击。卫青、公孙敖、公孙贺和李广各率一万骑兵。卫青首次出征，但他英勇善战，直捣龙城（匈奴祭拜天地祖先的地方），斩首七百人，得胜而归。另外三路，两路失败，一路无功而还。

元朔元年（公元前128）的秋天，匈奴骑兵两万南侵，先攻破辽西，杀死了辽西太守，劫掠百姓两千多人，接着又打败渔阳守将韩安国，后来又入侵雁门，杀死并劫掠一千多人。于是汉武帝派卫青从雁门、李息从代郡同时出击。卫青再次获胜，斩杀数千人。

元朔二年（公元前127），匈奴又到上谷、渔阳一带侵扰。卫青率领大军再从云中出发，采用"迂回侧击"的战术，绕到匈奴军的后方，迅速攻占高阙（今内蒙古自治区杭锦后旗），切断了驻守河南地的匈奴白羊王、楼烦王同单于王庭的联系。然后，卫青又率精骑，飞兵南下，进到陇西，形成了对白羊王、楼烦王的包围。匈奴白羊王、楼烦王见势不好，仓皇率兵逃走。汉军活捉敌兵数千人，夺取牲畜一百多万头，完全控制了河套地区。因为这一带水草肥美，形势险要，汉武帝在此修筑朔方城（今内蒙古自治区杭锦旗西北），设置朔方郡、五原郡，从内地迁徙十万人到那里定居，还修复了秦时蒙恬所筑的边塞和沿河的防御工事。河套地区距离首都长安不过一千多里，匈奴的快骑兵一两天就可到达。这次河套地区的收复，不但解除了匈奴骑兵对长安的直接威胁，也建立起了进一步反击匈奴的前方基地。

匈奴贵族不甘心在河套地区的失败，一心想把朔方夺回，所以在几年内多次出兵，但都被汉军挡了回去。元朔五年（公元前124）春，汉武帝命卫青率三万骑兵从高阙出发，苏建、李沮、公孙贺、李蔡四位将军都受卫青的节制，率兵从朔方出发；李息、张次公率兵由右北平出发。负责抵挡卫青大军的匈奴右贤王认为汉军离得很远，一时不可能来到，就放松了警惕。没想到用兵神速的卫青率大军急行六七百里，当晚就包围了右贤王的营地。这时，右贤王正在帐中拥着美妾，畅饮美酒，已有八九分醉意了。忽听帐外杀声震天，火光遍野，右贤王惊慌失措，急忙带上一名爱妾和几百壮骑，突出重围，向北逃去。汉军俘虏了右贤王的小王十余人,男女一万五千余人,牲畜几百万头。汉军大获全胜,高奏凯歌,收兵回朝。

虽屡经打击,但匈奴依然猖獗。入代地,攻雁门,劫掠定襄(今内蒙古自治区和林格尔县)、上郡(今陕西省绥德县东南)。第二年(公元前123)二月,汉武帝又命卫青攻打匈奴。公孙敖为中将军,公孙贺为左将军,赵信为前将军,苏建为右将军,李广为后将军,李沮为强弩将军,分领六路大军,统归大将军卫青指挥,浩浩荡荡,从定襄出发,北进数百里,歼灭匈奴军数千名。

这次战役中,卫青的外甥年仅十八岁的霍去病率八百精骑首次参战,取得了歼敌两千余人的辉煌战果。

霍去病从小生活在奴婢群中,生活十分艰苦。但他勤奋好学,小小年纪就精通了骑马、射箭、击刺等各种武艺。霍去病性格坚毅、智勇过人,虽初次出征,但毫无惧色,率领着八百骁骑,远离主力部队几百里,一往无前地向匈奴腹地冲去。匈奴兵根本没想到汉军会杀来,顿时一片混乱。霍去病身先士卒,首先闯入匈奴营帐,八百骁骑个个勇猛无比,把匈奴兵杀得四处逃窜。这次战役,霍去病功居第一,其他各路有胜有负。

战后全军返回定襄休整,一个月后再次出塞,斩获匈奴军一万多名。但是,右将军苏建和前将军赵信与匈奴打了一场遭遇战，汉军死伤惨重，苏建突围逃回，赵信本是匈奴降将，兵败后就又投降了匈奴。

河西地区即今天的河西走廊，在黄河以西，祁连山、合黎山之间，地势低平，是汉朝通向西方的黄金通道。原来这里是月氏人的居住地，后来被匈奴侵占，成了匈奴浑邪王、休屠王的领地。为了从根本上解除匈奴对汉朝的军事威胁，元狩二年（公元前121）春天，汉武帝任命霍去病为骠骑将军，率领精骑一万人，从陇西（今甘肃省临洮县）出发，攻打匈奴。在霍去病的指挥下，汉军所至，势如破竹，穿过五个匈奴王国，转战六日，越过焉支山（今甘肃省山丹县境内）一千多里，在皋兰

西汉·彩绘步兵俑

山（今兰州黄河西）与匈奴发生激战。霍去病率部勇猛异常，横冲直撞，斩杀匈奴折兰王、卢侯王，活捉了匈奴浑邪王的儿子及相国、都尉等，歼敌八千九百多人，并且缴获了匈奴休屠王的祭天金人神像，汉军大获全胜。

同年夏天，霍去病又和公孙敖各率数万骑，从北地郡（在今甘肃省环县）出发，重点打击匈奴右部各王的势力。为了分散匈奴主力，又派李广、张骞率一万人从右北平出发，攻击匈奴左贤王，策应西征的主力军。但是李广、张骞战绩平平，未能起到牵制作用。霍去病和公孙敖出塞后，分兵前进，公孙敖由于中途迷失方向，也未能参加战斗。霍去病与公孙敖联系不上，只好孤军深入。这支风驰电掣般的军队越过居延海（今内蒙古自治区额济纳旗北），穿过小月氏部落，抵达祁连山，匈奴被他变幻莫测的战术搞得晕头转向，祁连山麓一战，被打得大败。这次战役，俘虏匈奴单桓王、酋涂王、王子、单于妻妾五十九人，抓获相国、将军、当户、都尉六十三人，歼灭匈奴兵三万零二百人。

这次出击，消灭了匈奴的主力，迫使匈奴退出了"河西走廊"，汉朝完全控制了河西地区，这对匈奴是一个很大的打击。匈奴人悲伤地唱道："亡我祁连山，使我六畜不蕃息；失我焉支山，使我妇女无颜色。"

匈奴伊稚斜单于对于浑邪王、体屠王的败绩非常恼火，派使者征召他们，准备治罪。浑邪王新失爱子，本来就心情沉痛，又闻单于将要加罪，于是与休屠王商量，决定投降汉朝，并派使者来与汉朝接洽归降事宜。当时负责藩属事务的大行李息，正在黄河边上筑城，见到浑邪王派来的使者，马上派人向汉廷报告。

汉武帝得到这一消息，很高兴，认为这样可以分化匈奴，减弱匈奴的力量，但是又担心其中有诈，于是派霍去病率领一万骑兵，前往河西，见机行事。霍去病还没有到达河西，情况就发生了变化。休屠王听信部下的谗言，不想投降了。浑邪王骑虎难下，痛恨休屠王的背信弃义，于是一不做二不休，率兵冲入休屠王的营帐，杀死了休屠王，收编了休屠王的部队，然后列队迎接汉军的到来。

霍去病渡过黄河，与浑邪王遥遥相望。浑邪王的部下很多。本来意志就不坚定，现在看到汉军阵容严整，心存疑惧，纷纷逃走。霍去病望见浑邪王阵营的骚动，当机立断，亲率几名精骑飞马驰入浑邪王营帐，与浑邪王谈判，下令将私自逃跑的匈奴将士八千人全部杀死。这样才把匈奴军队稳住了。然后，霍去病派轻车快马先把浑邪王送往长安拜见汉武帝。接着，组编投降的匈奴共四万多人。

汉武帝隆重地接见了浑邪王，封他为漯阴侯，食邑一万户。匈奴小王呼毒尼等四人也被封侯。汉武帝把这五侯连同他们的部众分别安置在陇西、北地、上郡、朔方、云中等地，保持他们原来的生活和风俗习惯，称为"五属国"。在浑邪王旧地设置武威、酒泉两郡，连同后来设置的张掖、敦煌二郡，合称为"河西四郡"。

从此，匈奴的军事力量大大削弱，不得不退到遥远的大沙漠以北地区。汉朝西部的威胁彻底解除，通往西域的道路完全畅通了。

匈奴主力虽远逃漠北，但仍未放弃对汉朝边境的掠夺。公元前120年秋，匈奴骑兵万余人又突入定襄、右北平地区，杀掠汉朝边民一千多人。汉武帝决定远征漠北，彻底消灭匈奴军队。

为了彻底击溃匈奴主力，汉武帝集中全国的财力、物力、人力，发动了对匈奴的又一次大战。元狩四年（公元前119）春，汉武帝召集诸将开会，商讨进军方略。他说："匈奴单于采纳赵信的建议，远走沙漠以北，认为我们汉军不能穿过沙漠，即使穿过，也不敢多作停留。这次我们要发起强大的攻势，达到我们的目的。"于是挑选了十万匹精壮的战马，由大将军卫青、骠骑将军霍去病各率精锐骑兵五万人，分作东、西两路，远征漠北。这是一次决定汉匈命运的大决战。对此，汉武帝极为重视。为解决粮草供应问题，汉武帝动员了四万多私人马匹，步兵十余万人负责运输粮草辎重，紧跟在大军之后。

　　原计划远征大军从定襄北上，由霍去病率骁勇善战的精锐部队进攻匈奴单于。后来从俘获的匈奴兵口中得知匈奴伊稚斜单于远在东方，于是汉军重新调整战斗序列。汉武帝命霍去病从东方的代郡出塞，卫青从定襄出塞。李广为前将军，公孙贺为左将军，赵食其为右将军，曹襄为后将军，都归大将军卫青指挥。

　　出人意料的是，匈奴的主力竟让卫青大军遇上了。卫青考虑到前将军李广年事已高、运气又不好，就没让他担任先锋，而是让他并入右将军赵食其军，从右翼进行迂回包抄。卫青自己率左将军公孙贺、后将军曹襄从正面进兵，直插匈奴单于驻

霍去病墓

地。

　　熟悉汉军作战特点的降将赵信（时为匈奴的自次王）向伊稚斜单于建议："汉军不知道利害，竟打算穿过沙漠。到时候，人困马乏，我们以逸待劳，就可以俘虏他们。"于是下令所有的粮草辎重，再次向北转移，而把精锐部队埋伏在了沙漠北边。

　　卫青大军北行一千多里，跨过大沙漠，与严阵以待的匈奴军遭遇了。卫青临危不惧，命令部队用武刚车（铁甲兵车）迅速环绕成一个坚固的阵地，然后派出五千骑兵向敌阵冲击。匈奴出动一万多骑兵迎战。双方激战在一起，非常惨烈。黄昏时分，忽然刮起暴风，黄尘滚滚，沙砾扑面，顿时一片黑暗，两方军队互相不能分辨。卫青乘机派出两支生力军，从左右两翼迂回到单于背后，包围了单于的大营。伊稚斜单于发现汉军数量如此众多，而且兵强马壮，士气高昂，大为震动，知道无法取胜，就慌忙跨上马，在数行精骑的保护下奋力突围，向西北方向落荒而逃。这时，夜幕已经降临，战场上双方将士仍在喋血搏斗，喊杀声惊天动地。卫青得知伊稚斜单于已突围逃走，马上派出轻骑兵穷追不舍。匈奴兵不见了单于，军心大乱，四散逃命。卫青率大军乘夜挺进。天亮时。汉军已追出二百多里，虽然没有找到单于的踪迹，却斩杀并俘虏匈奴官兵一万九千多人。卫青大军一直推进到寘颜山赵信城（今蒙古乌兰巴托市西），获得了匈奴屯积的粮草，补充军用。他们在此停留了一天，然后烧毁赵信城及剩余的粮食，胜利班师。遗憾的是，李广一军在行军中迷失了方向，延误了战机，未能及时赶到活捉匈奴单于。

霍去病率领的东路军，在大沙漠地带纵横驰骋，行军两千多里，越过离侯山，渡过弓闾河，与匈奴左贤王相遇。汉军发动猛攻，左贤王大败而逃。这次战役，活捉匈奴屯头王、韩王等三人以及匈奴将军、相国、当户、都尉等八十三人，歼敌七万零四百三十三人。匈奴左贤王部几乎全军覆灭。霍去病率军追至狼居胥山（今蒙古国境内德尔山）。为庆祝这次战役的胜利，霍去病在狼居胥山，举行祭天封礼，又在姑衍山（狼居胥山附近）举行祭地禅礼，并登临瀚海（今贝加尔湖），刻石纪功，然后凯旋还朝。

这次战役，汉军打垮了匈奴的主力，使匈奴元气大伤，无力向汉王朝发动大规模的军事进攻。从此以后，匈奴逐渐向西北迁徙，出现了"漠南无王庭"的局面，匈奴对汉朝的军事威胁基本上解除了。长城

霍去病墓马踏匈奴石雕

71

内外出现一片和平气象。

尽管后人对汉武帝长达数十年的反击匈奴战争评价不一，颂扬者有之，毁誉者也有之， 但不可否认的是，汉武帝对匈奴的反击，巩固了西汉的疆域，也为以后的和平局面奠定了基础。

广开三边

"威强睿德"的汉武帝在反击匈奴入侵的同时，又积极处理与东部、东北部、南部、西南部等地区的少数民族的关系。

西汉·南越王墓出土的"文帝行玺"金印

岭南地区，在秦统一后就成为秦王朝版图的一部分，秦王朝在这里设置了桂林、南海和象郡，以被罚迁徙之民戍守其地，与粤人杂居，前后十三年。秦末农民起义，豪杰并起，天下大乱，龙川县令赵佗代理南海尉，秦朝灭亡以后，赵佗乘机攻夺并吞并了桂林郡和象郡，自立为南粤武王，聚兵自保。此后，在中原王朝的南边，就出现了一个南越国。刘邦建汉后，派陆贾出使南越招抚赵佗，使南越成为西汉王朝下的一个属国。吕后时，南越与汉的关系恶化，赵佗便自称南越武帝。文帝时，又派陆贾出使南越，赵佗又放弃帝号，仍为汉朝的藩王。

建元三年（公元前138），居住在今浙江的少数民族东瓯受到另一民族闽越的攻击，东瓯派人至长安求救。武帝听从严助之议，为显扬国威，使更多的小国归服，决定调兵援助。闽越闻讯撤兵。东瓯人请求内迁，武帝将其安置在江、淮间。三年后，南方的南越遭闽越王攻击，武帝立刻派兵支援南越。闽越获悉汉朝大军将至，内部瓦解、投降。

南越王免除闽越威胁后，想进一步向汉王朝靠拢，请求享有内地诸侯王的待遇，遵行汉朝法令。但国相吕嘉等人则反对完全内附。元鼎五年（公元前112），吕嘉杀死汉使和南越王赵兴、王太后，另立新王。武帝派兵十万，于次年灭南越，然后于其地置南海（今广东省广州市）、苍梧（今广西壮族自治区梧州市）、郁林（今广西壮族自治区贵县东）、合浦（今广西壮族自治区合浦县）、交趾（今五岭以南）、九真、日南（均在今越南境内）、珠崖（今广东省琼山市东西）、儋耳（今海南省儋州县）等九郡。

对西南地区的少数民族，武帝采取了安抚政策。元光五年（公元前130），武帝派唐蒙携大量粮食和财物去夜郎（在今贵州省西部），赠送给夜郎侯和周围的小国，宣扬汉王朝的威德，使他们归服。他又派司马相如去邛（今四川省西昌市）、筰（今四川省汉源县）等部落，以同样的手段，使他们归服汉朝。这些民族归服后，武帝在那里设郡或任命都尉，进行管理；同时又派人修筑通道，加强了西南地区与中原的关系。以后，武帝还曾派使者深入西南夷地区，以图寻找身毒（今印度），沟通与西域的联系。

在汉军讨伐南越时，西南夷中的且兰君率众叛乱。武帝发兵杀且兰君，以其地置牂柯郡（今贵州省都匀市北）。夜郎表示诚心归服，武帝封其首领为夜郎王。夜郎的归服，使冉、駹等小国十分震恐，也请求臣服。于是，武帝在西南夷地区实行郡县制，以邛都为越嶲郡（今四川省西昌市），筰都为沈黎郡（今四川省汉源县），冉、駹为汶山郡（今四川省茂汶县东），广汉西白马为武都郡（今甘肃省成县）。其后，武帝又派兵征讨滇王，滇王投降，入朝受封，武帝以其地为益州郡（今云南省宜良县）。夜郎侯与滇王的入朝，西南四郡的建立，使西南广大地区直

汉武帝颁给滇国王的"滇王之印"金印

接置于汉王朝的管理之下，这对西南边疆的社会发展起到了推动作用。

武帝还陆续派兵征西羌，击东越，攻朝鲜。元封三年（公元前108），朝鲜降汉，汉王朝以其地置乐浪（今朝鲜平壤）、临屯（今朝鲜咸境南道南）、玄菟（今辽宁省清原县）、真番（今朝鲜开城）等四郡。

从反击匈奴到朝鲜降汉，汉王朝的疆域不断扩大，成为一个东起朝鲜半岛东海岸，西至遥远的西域，北至阴山、大漠以北，南至今越南中部的大国。

汉武、昭、宣帝时代，汉朝文明的光辉，已经照射到天山南北。这种光辉大约在里海、黑海之南，与罗马共和国的光辉交光连彩，呈现出一种奇异的美景，这就是东、西方之交流，即与世界史的运动趋势一致。

西汉·长信宫灯

第五章

凿空西域 播洒文明

　　"海纳百川，有容乃大"。一般来说，任何一个国家的文明都是在不断地吸收外来因素和向外传播的过程中向前发展的。中国古代文明的发展更是如此。吸收和传播是经常而不断地进行的。秦皇汉武时代以前，文明在不断融合、吸取外来因素的过程中发展。然而，这时的吸收、融合乃是渐进的或是局部的，而不可能是大规模地进行，这是由于疆域的有限和割据的形势所决定的。到了秦皇汉武时代，由于广袤疆域的形成、超乎寻常的经济和军事实力的获得以及文化教育事业的发展，使这一时期乃至其后更长的历史时期内，文明的吸收是大规模的，向外传播则是远距离的，从而形成了与其他历史时期文明发展的不同特点。

秦人东渡

"东海之上有三座山，名叫蓬莱、方丈、瀛洲，上面住着神仙"。这是公元前219年秦始皇巡行齐国故地时，齐人徐福（也作徐市）上书秦始皇所说。于是秦始皇立即下诏，全国征调童男童女三千人和百工技艺之人，携带上五谷等物，由徐福率领，东入大海"寻访神仙"，以图求得长生不死药。

秦始皇三十七年（公元前210），秦始皇第三次到达琅琊台，立即召见徐福，徐福说：蓬莱仙药是可以得到的，但是由于海上常有大鲛鱼兴风作浪，因此始终不能上山求仙，请求皇上派遣善射者一同前往。于是秦始皇亲自和徐福一起，率数千

秦·铜车马

名童男童女、百工，带着五谷和捕巨鱼的工具，从琅玡台出发北上，一路上，善射者张弩等候，到芝罘（fú）时，终于射杀了一条大鱼，但并没有见到仙人，之后秦始皇往海西去，徐福率船继续向东行。司马迁说徐福最后到了一个"平原广泽"之地。但是这个平原广泽之地到底在何处，人们不得而知。

上世纪以来，中日学者对徐福浮海东渡之事进行了大量研究。中国和日本有学者宣称，徐福当年所到的"平原广泽"是日本。马非百在《秦集史》中认为徐福赴日本是有目的，"其意初不在求仙，而实欲利用始皇求仙之私心，而借其力以自殖民于海外"。也有学者认为，先秦时期，中国东南沿海民众大量往日本移民，徐福率领的童男童女是其中一队，"徐福入海东行，必定真有其事"。至今日本还保存着不少徐福的遗迹和纪念徐福的活动。

有学者指出：不管徐福是否真的到了日本，或是其他可供生存的地方，他勇敢无畏的探险精神，充分体现了中华民族的大胆求索、坚韧顽强精神和智慧聪颖的气质。

徐福东渡一事的真实性，中外学者赞成者有之，反对者亦有之。更多的人则认为，无论徐福东渡是否实有其事，但反映了这样一个历史真相，却是不容怀疑的，即：早在两千多年前，中国人就已经东渡日本，在那里传播中国的先进文化和生产技术，中日两个国家和两个民族之间的交往，源远流长。

凿空西域

西出阳关、玉门关，有一片神奇的土地，山脉纵横，大漠茫茫，绿洲点点。这片包括了我国新疆及中亚细亚在内的广袤区域，汉朝人称之为西域。西域生活着众多民族，建有三十六个小国，秦末汉初以来，一直处在匈奴人的控制或影响下，成为匈奴入侵汉朝的依托。

雄才大略的汉武帝即位后不久，便对西域产生了很大的兴趣。建元三年（公元前138），汉武帝从降汉的匈奴人口中获

张骞通西域壁画

悉：大月氏原本居住在河西走廊，汉初相继遭到匈奴冒顿单于及其子老上单于的侵袭。老上单于击破大月氏以后，杀死大月氏王，并用他的头做盛酒器。大月氏被迫西迁，十分怨恨匈奴贵族，准备报仇雪恨，但本族势单力薄很需要有人援助。汉武帝正欲击败匈奴，经营西域，于是派遣张骞出使西域，去联合大月氏，砍断匈奴右臂。

出使西域，必然要途经匈奴人活动的区域。当手持汉节的张骞率使团刚出陇西（今甘肃省临洮县南）时，就被匈奴人俘虏了。匈奴单于将张骞等一百余人全都扣留。匈奴单于为了招降张骞，给张骞娶了一个匈奴族的妻子，还生了儿子。虽然张骞被匈奴扣留十余年，但他始终不忘汉朝，"持汉节不失"。

元朔元年（公元前128），张骞等人从匈奴逃出，向西奔走数十日，途径大宛、康居，终于到达了大月氏国。但在这许多年中，大月氏已今非昔比。大月氏受到匈奴的攻击后，在新国王的带领下，西迁到了妫（guī）水流域的大夏（今阿富汗北部地区）境内，并征服了大夏人。这里土地肥沃，物产富饶，国王志在安乐，又以为距离汉朝甚远，早已忘记了自己父亲被匈奴杀害的仇恨，也不愿再返回故地。

尽管张骞未完成联合大月氏的政治使命，但他利用在大月氏国居住的一年多的时间，对当地及周边诸国情况进行了认真的考察，取得了许多意想不到的收获。张骞东返时，又被匈奴骑兵捉获，一住又是一年多。元朔三年（公元前126）单于病死，国内大乱，张骞乘机带领匈奴族妻、子和堂邑父一起，急急忙忙地返回了长安。张骞出使大月氏前后长达十三载，这也许是世界上时间最长的一次出使吧。去时他们一行一百多人，返回时除带回妻儿外，只剩下他和堂邑父两个人了，其余诸人或客居异域，或长眠在被风沙尘封的西域古道上。

张骞回到长安后，向汉武帝报告了所经历的大宛、大月氏、大夏、康居及周围其他五六个国家的地形、物产情况，引起了武帝的极大兴趣。

我国同西域各国的民间交往早在先秦时期就已经拉开了序幕，但是官方正式派使臣出使西域却是首次。具有开拓精神和勇于探索的张骞，在西域时详细记录了他经过的地区的山川形势、地理位置、人口、兵力、经济、物产以及风俗习惯等，如大月氏有兵十万，康居有胜兵十二万，安息地方数千里，有大小数百城，盛产水稻、麦和葡萄酒，商业十分兴隆，商人都到邻国经商，使用铸有国王头像的银币。文字是横行的，写在皮革上等等。张骞的这些见闻，大大开阔了人们的眼界。诚如翦伯赞所说的那样："张骞的直接政治使命，算是失败了；但中国却因此而第一次知道中国以外，还有广大的西方世界并从而开辟了中国史上政治和经济之新的时代。""张骞在公元前127年之发现西域，其对于当时中国人的刺激，正像后来1492年哥伦

布之发现美洲
对于欧洲人的
刺激。他无异
于告诉中国的
商人，金银地
不在海中的三

新疆出土的汉代"延年益寿大益子孙"棉袜

岛，而在塔里木盆地，在更远的中亚。因此，汉武帝在继对匈奴的战争之后，又为了打通到中亚的商路而斗争。"

元狩四年（公元前119），汉朝发动了对匈奴的决定性战役——漠北之战，为了彻底打垮匈奴，武帝多次召见张骞，询问大夏等西域各国的情况。张骞向武帝提出联合乌孙，断匈奴右臂，进而凿通西域的建议。武帝采纳张骞的建议，任命他为中郎将出使西域，率领三百人，每人备两匹好马，还送给上万只牛羊，携带币帛价值数千万。并配有多名持节副使，以便派遣出使西域附近诸国。

张骞率三百多人从长安出发，当年就到达了西域的乌孙国。张骞向乌孙王昆莫传达汉武帝的旨意说："大王如能使乌孙东迁至故地，则汉遣公主为大王夫人，汉和乌孙结为昆弟，共同打击匈奴，匈奴一定会被打败的。"乌孙国距离汉朝遥远，不知汉朝有多大，又临近强盛的匈奴，附属于他们也很长时间了，大臣都不愿向东迁徙。又由于昆莫年老体衰，乌孙又处于分裂状态，他不能节制，只是派人护送张骞返回，并献几十匹马作为答谢。随行的几十名使者来到长安，这是西域人第一次来到汉朝的帝都，他们亲眼看到了汉朝的地域辽阔、人口众多、物产富饶，回国后竭力宣扬汉朝的国威，使乌孙国对汉朝更为重视。这一年是武帝元鼎二年（公元前115）。从此，乌孙日益亲近汉朝。至元封年间，又主动要求与汉和亲，娶汉公主为妻。汉武帝为了与乌孙结盟，共抗匈奴，先后将细君公主、解忧公主远嫁乌孙王为妻。进一步加强了中原同西域地区的政治、经济和文化交流。

张骞的这次出行虽然没有与乌孙达成共击匈奴的协议，但却收到了加深两国人民之间友谊的效果。同时，张骞分别派遣副使出使大宛、康居、月氏、大夏等国，进一步密切了汉朝同西域各国的联系，将汉文化传入中亚，又由中亚传往更遥远的西方。有学者称"西通西域，是中国人有组织地迈出国门，走向世界的开端，也是汉武帝对人类文明发展的一大贡献"。

张骞两次出使西域，前后长达十九年。此后，西域各国相继归汉，天山南北第一次与内地联成一体，中原同西域以至更远的地方建立起日益密切的经济、文化联系，西域的各种物产也开始向东移植。

元封年间，大汉使者沿着张骞的足迹，来到了今天的伊朗境内，拜见了安息国王。汉使臣在安息国王面前展开了华丽光洁的丝绸，国王非常高兴，以鸵鸟蛋和一个魔术表演团回赠汉廷。这标志着连接东方的中国和西方的罗马帝国的丝绸之路正式建立。中国同西亚

西汉·罗马玻璃器

和欧洲的通商关系发展起来，中国的丝织品、桃杏、茶叶等物品以及科技和先进农业技术从长安出发，经河西走廊，沿着天山南北两路源源不断地输送到中亚、南亚、西亚，并到达了欧洲。

张骞之后，汉朝使者踏着张骞的足迹，源源不断地向西行进，他们相望于道，每年多的十几趟，少的也有五六趟。这些使团大的五六百人，小的也有百余人，他们携带着大量的中原物品，实际上多是政府的对外贸易团体。而西域商人，也不远万里纷纷来到中国内地。茫茫的西域古道上，显得热闹而繁忙，往来的胡商贩客，络绎不绝，马嘶驼鸣，此起彼伏。当时，请求出使西域，或应募前往西域，成了郡国英豪、市井无赖新辟的出路。西域的土产如葡萄、苜蓿、石榴等植物；音乐如摩诃、兜勒等曲调，成了一时的风尚。

当时，中国的丝绸在西方负有盛名。大量的丝和丝织品沿

丝绸之路，经安息等地转运到罗马，深受罗马贵族珍爱。公元前一世纪中期，罗马人入侵叙利亚后，国势日盛，统治阶级对东方的奢侈品，如中国的丝绸、印度的香料等需求量日增，中国的丝绸销路大开。正如外国学者普林尼所说，"中国产丝，织成锦绣纹绮，贩运至罗马，富豪贵族的夫人娇媛，裁成衣服，光辉夺目，人工巧妙，达到极点。"据学者称，丝绸传入罗马初期，当恺撒大帝穿着绸袍出现在剧场时，一时舆论大哗，认为是奢侈之极。不久，罗马的贵族男女争穿绸衣，输入罗马的丝织品与年俱增。罗马妇女每年都从印度购进纺织品五千五百万塞斯退斯（Sestertius），合十九世纪一亿多金法郎，而这些物品大部分是中国的丝绸。当时罗马市场上丝织品已与黄金等价，每磅值金十二两，造成了罗马黄金大量的外流，以致于政府出面干预，下令禁止男性臣民穿丝绸衣服，对妇女使用丝绸也做了一定的限制。

丝绸之路的开辟，无论在中国历史上还是在世界历史上，都是一件了不起的大事。它打破了中西隔绝的沉闷状态，促进了中西经济、文化的交流。

随着丝绸的西传，中国的养蚕术也传到西域。养蚕需要植桑，内地的桑树、杏树、桃树等植物品种也就相继移植西域。其他方面，如铁与冶铁术、纸与造纸术以及汉代诸文明也都先后西传，这对西域各地经济、文化生活产生了巨大的影响。

当丝绸带着自身的秀美、艳丽和中国人的聪慧走向丝路的那一端时，西方的玻璃、宝石，西域的苜蓿、葡萄、石榴、胡麻、胡蒜（大蒜）、胡豆（蚕豆）、胡萝卜、红蓝花、胡桃（核桃）、胡荽（香菜）、胡瓜（黄瓜）等植物和名马、骆驼、狮子、大雀（鸵鸟）等动物以及音乐、舞蹈、魔术、杂技等，也都陆续传入中原，为内地的社会生活增添了许多新的内容。由于这些植物都是在张骞通西域后传入内地的，所以一些记载把这些植物传入内地的功劳算在张骞的头上，以纪念张骞的丰功伟绩，如诗句所写的："不是张骞通异域，安得佳种自西来。"

丝绸之路，在历史上促进了亚、非、欧各国与中国的友好往来，增进了经济、文化交流。以后佛教及佛教文化也是通过这条道路传入东土，对中华文化产生了重大的影响。这种频繁的经济、文化交流，促进了西域社会的进步，也丰富了中原人民的物质文化生活。这在统一的多民族国家的发展过程中和中西经济、文化交流史上都产生了深远的影响。

中外文明传播与交融盛况空前

统一的封建国家的建立为大规模吸收外来文明创造了有利条件，李斯在上秦始皇书中曾这样描述：陛下"致昆山之玉，有随、和之宝，垂明月之珠，服太阿之剑，乘纤离之马，建翠凤之旗，树灵鼍之鼓”，正反映了大规模吸收外来文明的状况。张骞凿空西域后，西域文明就沿着"丝绸之路"这条国际通道源源传入中原。在短短几十年中，由西域传入中原的，不仅有芝麻、胡麻、无花果、安石榴、绿豆、黄瓜、大葱、胡萝卜、大蒜、番红花、胡荽、酒林藤、玻璃、海西布（呢绒）、宝石、药剂和罗马胶等物产，而且还有音乐、舞蹈、杂技等艺术以及后来传入的佛教等产生于异域的文化。这些文明的引进多是自觉的、大规模的，而非偶然的、零星的。如汉武帝时为大量引进大宛（今费尔干纳）良马，曾多次派使者访求。最后不惜诉诸武力。如此大规模地吸收外来的文明，正是使秦皇汉武时代中华民族文明突飞猛进发展的原因之一。即以大宛良马和西域苜蓿传入中原为例，从考古资料可知，武帝以后中原的传统马种已融入大宛马的血液，使我国马种得到较大的改

汉武帝茂陵陪葬墓出土的鎏金铜马

88

善，从而对畜牧业和战争的形式产生了深刻的影响。至于其他物产和音乐、舞蹈，艺术、宗教以及生活用具的传入，在秦汉时代都使固有的文明发生显著的变化。所以，秦汉时代大规模地吸收外来的文明，是我国文明发展史上的一次飞跃。这种飞跃在后来还出现多次，但秦汉时代为首开其端、规模最大的一次。

文明的向外传播，在秦汉时代也达到空前的程度。在此以前，中国文明的向外传播多是盲目的，不自觉的，因而其影响范围也是有限的，史书记载：殷商末年，箕子来到了朝鲜，教当地人民礼义和田蚕织作，但是这种影响所及也只限于周边。而秦汉时代中原文化的传播则远远超过周边的范围，秦皇时期徐福东渡和汉武时期张骞通西域，就是绝好的例证。

到了汉代，中国文明传播到更加遥远的国度，政府的使者曾达到安息（伊朗）、犁轩（古罗马）、身毒、奄蔡（今里海东北）、条支（今波斯湾西北），穷临波斯湾。而物质和精神文明的影响则远远超过这个范围。例如丝绸、钢铁、冶铸和水利技术都远远传至中亚、罗马和欧洲地区。据古希腊历史学家希罗多德记载：希腊人早就知道以产绢而名闻的中国。但是丝绸大批输入西方，则是在秦汉时期。

中国的冶炼技术，也是在秦汉时期远传于西方的。据美国学者亨利·M·莱斯特著《化学的历史背景》一书中指出：中国的炼金术通过许多渠道传到阿拉伯，又从阿拉伯传向西方。

"公元前150年—前140年，中国北部的游牧部落月氏被逐出家园。他们辗转流迁，最后在巴克特里亚定居下来。巴克特里亚是波斯帝国最东边的一个省份，姆夫城就坐落在这里。" "公元前106年，第一支直达商队沿着这条'丝绸之路'来到波斯，随后，西方的罗马帝国和东方的中国开展了定期的贸易交往。"

秦汉时代文明的传播，影响之大，是不胜历数的，直至今天，世界上不少国家仍称中国为China，即"秦"的音译，以及把中国人笼统称为"汉人"，即可知道我国的文明在秦汉时代传播之远对世界影响之深。

大规模的吸收和远距离的传播，成为秦汉时代文明发展的显著特点。这一特点在以后的历史时期中也一再出现过。正是由于这一特点，使中国在"许多世纪以来，一直是人类文明和科学的巨大中心之一"。

"殊方异类，至于三万里"，这是汉朝长安繁华的写照，同时也是外来文明麇集的表征。汉武帝时代，中华文明进入了一个文化的繁盛期，日臻成熟的文明与渐趋强大的民族，自觉地将异域文明融汇于中华文化的体系之中。同时，珍禽异兽、四方宝物，进入了汉朝政治、经济、文化的中心——长安。

汉朝的长安，很有些国际文化城市的味道，在这里可以看

到于阗的宝石，埃及的十色玻璃，千涂（犍陀罗）的火齐屏风，印度的琉璃玛瑙、琥珀、朱丹、青碧

西汉·错金银云纹铜犀牛尊

等各种宝物；还能观赏到封牛（瘤牛）、象、沐猴、狮子、犀牛、大雀（鸵鸟）等异域特有的动物。豪华珍贵的装饰品、稀有的动物，虽然并非是生活的必需品，却使中国人大开眼界。特别是四方宝物，成了宫廷或上层贵族观赏、比阔斗富不可缺少的物品。

　　汉朝是中西文化交汇的重要时期，许多来自异域的艺术形式不约而同地传入中国，融进中华文化之中。汉朝是中华文化不断走向成熟的阶段，而西方艺术以全新的风貌为之注入了新的生机。由于直接导入了西方文化艺术，拓展了中国的艺术视野，并把视角转向了栩栩如生的神灵世界，以及各种人物日常生活动态的描绘，使得战国时期的谨严、单调的艺术传统有所改变，形成了精密、优美、活泼的艺术风格。

　　由于丝绸之路把中国人引向了一个更为广阔的域外天地，给人们带来许多意想不到的美好事物，中华民族这时候真正感觉着人类世界在不断地扩大，于是在艺术上表现出自由奔放、潇洒自如的灵性。这一点我们在当地的铜器、陶质殉葬明（冥）器、墓祠石刻以及汉代著名的漆器上看得十分清楚。

　　石雕像、石画像是中国传统艺术。由于西方文化的传入和大量珍奇动物的引进，激发了艺术家的创作热情，从而极大地丰富了创作题材和内容。两汉时期的艺术家们似乎对灵鸟瑞兽图案产生了特殊的兴趣，大型的镇墓兽石狮、石马和天禄、辟邪是最有代表性的石雕形象，其中，动物来自西方，采用的艺术手法也深受西方艺术风格的影响。如山东省嘉祥东南武氏祠石阙前有一对左右对立的石狮。四川省雅安市的高颐墓前，姿态雄壮的石狮，胸旁各有二重肥短的飞翼。此外，这一时期，来自西域的艺术形象非常多，并成为画像石的主要内容。外来的文化艺术已经和中国传统表现形式融为一体，并留下十分动人的文化精品。

　　画像石不但受到狮、象、骆驼、飞翼天禄、鹰头兽、麒麟等外来题材的影响，产生出极富奇思妙想的艺术作品，而且在表现手法和艺术构思方面，也与希腊、罗马雕刻有着异曲同工之妙。如希腊、罗马雕刻盛行裸体神像和人物像，而这种艺术实践也见于汉代画像石中的神仙羽人和裸体人像。山东嘉祥武氏祠有丰富的汉代画像石，形象生动、姿态各异的有翼羽人构成了一个神奇的世界。我们通过武氏祠中人首兽身有翼人形象，便可以察觉到亚述和波斯艺术风格的痕迹。类似的还有江苏省沛县栖山墓画像石中西王母的形象。大量人首蛇身、马首人身、

西王母画像石（拓片）

鸟首人身、人首马身的图像，"都受到美索不达米亚艺术的感染，同时又和希腊罗马神话中的有翼天使和蛇形怪人而有飞翼的神像石雕有着微妙的联系"。

两汉时期，在一些墓葬明器中出现了许多裸体人像。河南济源泗涧沟汉墓中的绿釉陶树，树座表面塑有裸体人等，此类裸人形象在陕西、四川、云南等地的汉墓中也出现过。南阳汉代画像石中有裸体舞的构图，山东嘉祥吴家庄画像石上有裸体力士支撑屋盖的形象，山东曲阜颜氏乐园画像石有裸体力士相搏的雕像。这都表明，希腊、罗马裸体艺术在汉朝时已经传入中国，为中国艺术家大胆进行新的尝试提供了可能。中国艺术

家以从未有过的激情与活力，努力突破以往拘谨、刻板的传统，吸收西方文化要素，从而创造出独具风采的艺术形象。

汉代的工艺品也因珍禽异兽的传入，拓展了艺术创作题材，获得了广阔的驰骋天地。葡萄早已是铜镜中的图像，这时又加上了翼兽作为点缀。而最著名的海兽葡萄镜制作精美、设计巧妙，镜上刻有翼飞马、海兽和各种珍禽，并且还用结枝葡萄、石榴等作为装饰图案。因此说，汉代铜镜是在西方文化艺术的影响下盛开的一朵绚丽多姿的艺术之花。

中国的音乐、舞蹈有着悠久的历史，其中音乐是古代读书人的"六艺"之一，而舞蹈则产生于有文字之前。汉朝大一统的格局出现后，太平盛世的气象不能缺少轻歌曼舞的点缀与渲染，而西方输入的音乐、乐器、舞蹈、杂技等，在中华文化体系的建构中起到了很重要的作用。许多来自遥远国度的音乐，在经过与中国传统音乐形式的相互融合与艺人的改造后，逐渐演变成为中国的艺术形式。

西方乐器在这一时期大量地涌入中国，并使中国固有的器乐制度发生了根本性的变化。现代弦乐器的鼻祖琵琶，至今仍流行极广的竖琴，以及竽簧、筑、笛、角等外来乐器，加入了中国乐队，演奏出美妙的华声。另外还有都昙鼓、鸡娄鼓、铜钹、贝等乐器，也从西域传到中国。

沿着丝绸之路，西方的乐调也传入中国。张骞曾将《摩诃》、《兜勒》二乐曲在长安传奏。汉代音乐家李延年，按照"胡曲"创作出新声共有二十八解，使汉代音乐有了新的变化。汉武帝时期设立乐府，采诗吟颂，由李延年担任协律都尉，取司马相如等著名文人的诗赋配调，专为赏赐建立功勋的臣下，以表示宠荣。军中所用的短箫铙歌，都是

东汉·击鼓说唱陶俑

采自西域的乐曲。短箫铙歌所使用的乐器也都属于异域乐器，如金钲、铙、笳等。来自他邦异域的音乐，深受当时中国朝野人士的喜爱。鼓吹、铙歌原本是马上所奏的乐曲，经过李延年的改造，再加上新声，不但保持了豪放雄壮的风格，而且更加完整和谐，用来为军队壮声威，鼓舞将士冲锋陷阵。

鼓吹铙歌，在汉代输入的时候，本是两种不同的乐曲，到魏晋时期，统称鼓吹。后来不但与汉族的音乐融为一体，而且成为民间流传的鼓乐。

　　许多外邦的优美舞蹈，也渐次传入中国。这些舞蹈与中国传统的轻柔和缓的舞姿大不相同，多以跳跃翻腾的动作、矫健的身姿，表现出刚劲的风格，为汉代舞蹈注入了勃勃生机。这个时代还出现了裸体舞蹈。裸体舞本是许多原始民族的一种文化。它的传入虽然与日渐严格的中国伦理规范格格不入，但是，却在宫廷内得以流行，并且在一些艺术作品中也有所表现。

　　汉朝的游艺形式日趋丰富多彩，从西方传来的杂技、幻术扩充了艺术门类，成为包罗万象的"百戏"。许多域外的魔术师和杂技艺人来长安献艺，第一批踏上东土的西方艺人是来自安息的魔术师。当时汉武帝正在山东海滨游玩，魔术师一行赶

东汉·观伎画像砖

到海边，为汉武帝表演了非常精彩的节目，大受欢迎，随后又在长安举行了第一次中西合璧的百戏大会演。会演期间，除了有中国传统节目外，还上演了外国幻术，比如吞刀、吐火、种瓜、植树、屠人、杀马、自缚自解等令人耳目一新的节目。由于外来的表演家为中国人展示了许多精彩的幻术戏法，为中国杂技、魔术的丰富、发展提供了条件。在我国艺术家的不断尝试下，外国幻术与中国幻术融为一体，形成了以中华文化为主体的、具有鲜明特色的中国幻术。

汉朝不愧是中华民族发展史上的伟大时代之一，这和它具有开放性是分不开的。西方的外来文化沿着狭长的丝绸之路进入了东土，对中华文化无疑是个刺激，是个挑战，也是个机遇。而中华民族对于异域文明所采取的容纳态度，使得这一时期的中华文化不仅空前繁荣，而且弘扬了兼容并蓄的文化传统。

秦·武士俑

第六章

秦魂汉节 浩气永存

"红日初生，其道大光。河出伏流，一泻汪洋"。如将两千多年的中国封建社会比作是一个人的话，秦皇汉武时代无疑就是少年时期，充满了勃勃生气，前途无量。其时代的精神是积极进取的。由于当时正是中国封建社会的初建时间，刚刚由诸侯割据称雄进入到统一的专制主义中央集权时代，社会充满了生机与活力。

积极进取

秦皇汉武时代，从皇帝、贵族到士大夫、平民都有一种积极进取的精神。秦始皇的积极进取精神，不仅反映在完成祖国统一的大业上，而且在统一后的所作所为上也表现得非常明显。秦始皇的勤勉刻苦、励精图治，在历代君主中，确是罕见，史书记载，秦始皇规定，每日批阅公文奏牍必须达到一百二十石，否则不能休息。他自诩建立了前无古人的功业，但他并没有躺在功劳簿上洋洋自得，抑或沉湎于酒色中不理朝政，相反，他依然夙兴夜寐，勤于政务，大小国事，事必躬亲。在前往泰山封禅时，见多识广的儒生们议论纷纷，但他并没有受他们的左右，而是斥退他们，克服重重困难义无反顾地前往泰山之巅，自己确定了仪式，完成了封禅大典。秦始皇一生五次出巡，途中遇到过狂风暴雨，遭到过刺客椎杀险些丧命，受到儒生们的讥笑和臣民们的诅咒，但并未因此而驻足，他巡游的行程合计约三万公里，巡游时间约占统一后的一半时间，在我国封建帝王中，堪称第一。统一后在北方修筑了亘古未有的万里长城，以及在国内开辟沟通全国的驰道……诸如此类，不胜枚举。倘若没有积极的进取精神，是根本不可能完成这些伟大的事件和工程的。

秦·"编年纪"竹简

汉武帝的进取精神比起秦始皇来毫不逊色。他派唐蒙开通夜郎道，勘察褒水、斜水，试图新开漕运的打算；他使通西域，断匈奴之右臂，是何等的胆识；他颁布罪己诏，公开向天下承认"征伐之悔"，是何等的气度！

陈胜虽然出身贫贱，但却怀有鸿鹄之志，于公元前209年在大泽乡以"王侯将相宁有种乎"为

汉高帝刘邦像

号召，发动九百戍卒揭竿而起领导了我国历史上第一次农民起义。

泗水亭长刘邦曾在咸阳见到秦始皇出行的仪仗，对此艳羡不已，便大发感慨地说："嗟呼！大丈夫当如此也！"

据史籍记载，秦始皇出巡到会稽、浙江时，"万人除道，百官扈从，千人拥挽"，威风不可一世，然而挤在人堆中观看煊赫的巡游队列的少年项籍（即项羽），却爆发出一句"彼可取而代之"的豪言壮语。

陈胜、刘邦、项羽三位尽管出身和地位不同，但他们欲成就一番大事业，不甘苟且的精神追求却是一样的。实际上，这是秦皇汉武时代人们的普遍性格。

也许你并不熟悉主父偃，更谈不上喜欢他，但你可能知道这句话："丈夫生不五鼎食，死则五鼎亨耳。"这就是西汉武帝时期著名政治人物主父偃的人生格言。

汉武帝元狩元年（公元前122），十八岁的济南人终军被选为博士弟子，并由地方官推荐到京城长安。途经函谷关时，守关官吏递给他出入关门的凭证"繻"，并嘱咐他妥善保存，返回此关时，仍要交验。终军听后，哈哈大笑说："大丈夫志在四方。我既入关，不干出一番事业，绝不回来。"说罢将繻丢在一旁，扬长而去。

正是这种拼搏奋斗精神，推动着他们在封建政权上升时期，施展各自的才华，建功立业，名垂后世。

勇于自荐

勇于自荐是秦汉时期人们积极进取精神的重要反映。踊跃应召或主动请缨负重任、历险境，成为一种风气，绝非个别人的偶然举动。建元三年（公元前138），汉武帝想派人出使西域，联合大月氏，共同夹击匈奴。但要出使大月氏，必然取道匈奴，前进的道路上充满了艰辛和危险，因此必须有勇有谋的人方能担此重任。于是武帝下令在全国召募能出使西域的人。这时，张骞主动应召，出使西域，一同应召的还有一个名叫堂邑父的胡人。

元狩四年（公元前119），汉朝发动了著名的漠北大战，这是一次决定汉匈命运的大决战。年过花甲的老将军李广，多次主动请缨，希望能参战。武帝看到他的拳拳报国之心后，最终答应了他的请求。

在这些毛遂自荐的人当中，不乏有治国安邦的人才，主父偃、东方朔、徐乐、终军等，堪称佼佼者。汉武帝欲召南越王赵兴与王太后一同入朝归顺。终军主动请缨出使南越，说："请陛下授予我一根长缨。我到了南越，如果南越王不肯归顺，我就用长缨套着他的脖子，把他捉来！"终军到了南越后，果然不辱使命。在终军的劝说下，赵兴和王太后都答应入朝，臣服于汉，并愿跟内地诸侯一样，向朝廷进贡。毛泽东《清平乐·六盘山》一词中的名句"今日长缨在手，何时缚住苍龙"，"长缨"的典故，即出自汉代"终军请缨"的故事。

矢志爱国

文天祥名作《正气歌》中有这样的诗句："在秦张良椎，在汉苏武节。"张良和苏武，就是秦皇汉武时代矢志爱国的典型代表。

张良本为战国时韩国姬姓公子，秦始皇灭掉韩国后，为了报亡国之仇，在弟弟死后，他不愿去埋葬，也不顾自己的安危，而是用全部家财，购求刺客以谋刺秦始皇，为韩国报仇。秦始皇二十九年（公元前218）春，秦始皇东游至博浪沙（今河南省原阳县东南），张良与刺客突然出现，刺客从草丛中用重一百二十斤的大椎（铁椎）猛击始皇，但却错打在副车上。秦始皇大怒，下令通缉刺客。他潜逃后，更名张良，伺机反秦。事实上，韩国灭亡时，张良还是一个少年，但他忠于故国的精神，却已深植于心。

最能代表秦皇汉武时代矢志爱国精神的人物，当数被匈奴拘留十九年而须臾不失汉节、坚贞不屈的苏武了。

汉武帝天汉元年（公元前100），苏武奉命持节出使匈奴，为匈奴所拘。匈奴单于威逼苏武投降。苏武义不辱命，拔刀自刎，后被救活。单于被苏武的忠诚和气节所感动，每天早晚派人侍奉问候。苏武伤势好转后，单于又派汉朝降将卫律劝降，卫律软硬兼施，先是以好言相劝，再以高官厚禄相诱，最后以死相逼，但苏武不为所动。苏武越是不降，单于越觉得他是人才，越想收降他，便把苏武关在大窖里，断绝饮食，迫其投降。漠北塞外，大雪纷飞，地冻天寒，苏武渴饮雪，饥吞毡。数日过后，匈奴人发现，苏武竟然奇迹般地活了下来，认为苏武是神人降世，便把他流放到了北海（今贝加尔湖）放牧羝羊（雄性的羊），并且说，等羝羊产了羊羔后，就让他回来。苏武仍坚贞不屈，靠挖野草、掘野鼠为食，"渴饮月窟冰，饥餐天山雪"。虽然孤单寂寞而且每日都与死神打交道，但是，无论环境有多恶劣，他都手持汉节，须臾不曾离手。最后汉节上的旄毛全部掉光了，八尺节柄也被磨得溜光。雪雨风霜，交相袭来，缺衣少食，遥遥无期。就这样，日复

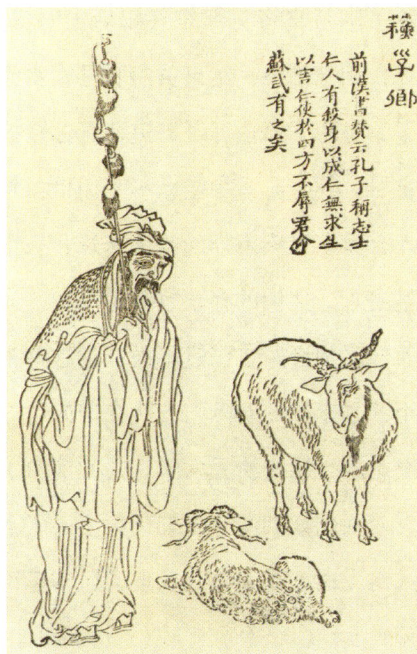

清人绘《苏武牧羊》

一日，年复一年，苏武在常人难以想像的环境中，带着对汉朝无限的热爱，顽强地活了下来。

就在苏武出使匈奴的第二年，即天汉二年（公元前99），李陵在与匈奴作战中，兵败投降。由于苏武与李陵在汉朝时关系很不错，于是单于又打发李陵去北海劝降苏武。李陵对苏武说："你的兄长（苏嘉）为奉车都尉，随皇帝去雍地的棫阳宫，扶撵下台阶时，失手撞到了柱子上，把辕木撞断了，有人弹劾他对皇帝大不敬，无奈他只好伏剑自刎。你的胞弟（苏

贤）随从皇帝去河东祭祀后土时，因宦官与黄门驸马争抢船只，相互推搡，结果黄门驸马溺水而亡，宦官见事情不妙逃跑了，皇帝下诏让苏贤去追捕，苏贤抓不到他们，因惶恐而服毒自尽。我来时，令堂已不幸谢世。年轻的尊夫人，现已改嫁他人，家里只剩下你的两个妹妹和三个年幼的孩子，现在十几年过去了，他们的存亡也不得而知。人生譬如朝露，极其短暂，我们又何必跟自己过不去，过这种苦日子呢？"但苏武坚决地拒绝了李陵的劝降。苏武在匈奴度过了十九个春秋，最终历尽磨难，于昭帝始元六年（公元前81）返回了朝思暮想的长安。苏武在匈奴期间，虽娶匈奴妻、生子，但却日夜思念故国。苏武出发时，正是意气风发、风华正茂的年龄；返回汉朝时，已是鬓发皆白、垂垂耄耋（mào dié）。

先国后家

元朔六年（公元前 123）春，年仅十八岁的霍去病主动请缨，随军出征匈奴。虽然霍去病初次出征，但他胆识过人，率领着八百骁骑，远离主力部队几百里，一往无前地向北冲去，以迅雷不及掩耳之势对匈奴腹地发起了攻击。霍去病身先士卒，生擒单于的叔父罗姑比，出奇制胜，勇冠全军。此后霍去病又多次参战，均大胜而归。可以说，霍去病把自己短暂的一生，全部投入了征服匈奴，防守边疆的事业上。他多次领兵出塞，攻打匈奴，共歼敌十一万多人，沉重地打击了匈奴势力。他是中国历史上著名的、最年轻的军事统帅，他将《孙子兵法》中"兵贵神速"和"善出奇者，无穷如天地，不竭如江海"的思想，运用到了出神入化的地步。他作战的最大特色就是快速、奇袭、灵活多变、因敌致胜。霍去病屡立战功，获得了高官厚禄，但他把个人的享受搁在一边，一心以国家利益为重。元狩二年（公元前121）河西战役胜利后，汉武帝为了奖励他的卓越战功，特意命人在长安为他建造了一座豪华住宅，叫他去看看是否满意。霍去病谢绝了汉武帝的好意，豪情满怀地说："匈奴未灭，何以家为！"这句传诵千古的名言既是霍去病"先国后家"精神的传神写照，也是激励汉代乃至后世军人保家卫国的军魂。

急公好义

学者认为，秦皇汉武时代，世人普遍表现出一种高度的事业心、责任心。这种慷慨赴国难、决然分君忧的精神，若体现在食君之禄的臣僚们身上并不奇怪，但若体现在普通的黎民百姓身上，则显得难能可贵。汉武帝时的卜式，就是这样一个心底里时时装着国家大事和天下百姓的人。卜式是河南（今内蒙古河套地区）人，靠牧羊致富，养羊多达上千头。汉武帝与匈奴征战期间，由于战争旷日持久，导致国库空虚，财政拮据。正在此时，卜式上书朝廷，说愿捐献家中的一半财产充当军费，帮助国家度过难关。为了征讨匈奴，武帝曾规定，可以出钱捐官。武帝派使者去问他是否愿意做官，卜式说："我自幼牧羊，没有学习仕宦，不想做官。"使者又问他，是否有冤屈要申诉？卜式回答说没有。使者大惑不解，问他为什么要给国家捐献这么多财物。卜式说："天子诛讨匈奴，我认为，全国人民应该有钱出钱，有力出力，只有这样，匈奴才可以诛灭。"元狩二年（公元前121），匈奴浑邪王率众降汉，汉武帝发车两万乘前往迎接，又给予巨额奖赏，并指令当地官府供给衣食等物资，而此时边郡一带长期虚耗，官府已无力供给。适逢山东发生水灾，朝廷将七十万山东难民迁到关西及朔方一带，这些难民连同匈奴降人一起，急待国家接济，此时许多富商大贾，乘机囤积居奇，牟取暴利，卜式却急国家所急，将

汉代·金饼

二十万钱捐赠给河南太守。武帝深感卜式助国的诚心，于是下诏厚赐卜式，卜式将所得赏赐分文不取，又尽数捐赠官府。元鼎五年（公元前115），南越丞相吕嘉谋反，满腔忠诚的卜式又上书说，他父子愿意与齐国善于射箭操船的人一起到南越决一死战，效死沙场，以尽为臣的节义。尽管卜式最终没有前往南越，但他急公好义的精神，却成为激励后进的榜样。

秉公执法

秦皇汉武时代，法律体系不仅十分完备，秉公执法的观念也深入人心，出现了许多执法严明、秉公断案的著名人物。汉文帝时的张释之就是其中的一位。他官拜廷尉，秉公断案，依法量刑。一天，文帝出行，至渭桥中路时，一人从桥下突然窜出，銮驾马匹受惊，文帝险些被掀下车来。那人被捕后，交付廷尉治罪。张释之审问他，他说："我听说皇上到来，来不及回避，情急之下，只好隐藏在桥下。等了很久，以为皇上车驾已过，岂知一出来便遇上了銮驾，惊吓了陛下。"根据汉律，皇上出行时要开路清道，禁止通行，禁令下达后，凡在该地段违犯禁令者，罚金四两。因此，张释之判决，此人犯禁，应当罚金，并奏请皇上。文帝一见奏章，大怒，说："那人惊吓了我的马，幸赖那马温顺，若是烈马，我不早就翻车受伤了吗？而你只判罚金，太轻了。"张释之理直气壮地回答说："法律，是天子与万民共同遵守、公正无私的。按照法律规定，那人的罪行只能如此判决，若还要加重，是让法律失信于民。""廷尉是国家公正执法的机构，这一次若听陛下之言而偏私，那么，全国上下执法人员也都随意加减罪行，老百姓便不知如何是好了。诚望陛下明鉴！"文帝沉思后说："你的判决是对的。"又有一次，有贼偷盗了高祖刘邦陵庙里的玉环，被抓住了。文帝令交廷尉治罪。根据汉律，盗宗庙服御物者，应当斩首后抛尸市井。张释之据此奏请行刑。文帝听后大怒，指着张释之说："那贼人丧尽天良，竟斗胆偷盗先帝陵庙内的器物。"弃市判罚太轻，应当诛灭九族。张释之立即摘下官帽，跪下请罪，说："法律是这样制定的，也只能这样判刑，况且已经是死罪了。现在盗宗庙就用诛灭九族之极刑，恕臣直言，万一有愚民盗取高祖陵墓的一抔土，那时陛下将何以加罪呢？"文帝无言以对，只好同意了他的裁决。

汉武帝本人也是一位执法公平的典范。汉武帝的胞妹隆虑公主临死之前，以金千斤、钱千万为自己的独生子昭平君预先赎免死罪，武帝答应了她的请求。后来，昭平君犯法当死，廷尉不知如何处置，请示武帝，武帝心如刀割、泪流满面，但仍然赏不避仇雠，罚不择骨肉，将自己的外甥（也是自己女儿夷安公主的丈夫）昭平君交由廷尉，依法判处死刑。

直言切谏

唐魏徵以敢于直言切谏，而名扬后世。事实上，秦皇汉武时代，直言切谏者也屡见不鲜。且不论李斯上《谏逐客书》是何等胆识，"疲秦之计"败露后水工郑国仍恳求继续修建郑国渠是何等的赤诚，单就汲黯一人的作为，就足以与魏徵比肩。

史籍记载，汉武帝衣冠不正，不敢见汲黯。一日，武帝召集文士儒生，讨论达到唐虞之治的办法，汲黯当面顶撞他说："陛下心中多私欲，而表面上却假装仁义，怎么可能臻于唐虞之治呢？"一句话剥下了武帝的假面具，武帝大怒，变色罢朝。事后武帝愤怒地对左右说："汲黯这个戆头戆脑的大傻瓜，太过分了！"群臣纷纷责备汲黯对圣上不恭，汲黯答道："朝廷设置公卿辅弼圣上，难道是叫我们阿谀奉承陷圣上于不义吗？为臣如爱惜身家，便会贻误朝廷了！"

匈奴浑邪王叛主率几万人来降，武帝将其安置于陇西、北地、上

西汉·铜栈车

郡、朔方、云中五郡,号称"五属国"。当匈奴浑邪王进京见驾时,武帝命长安令发车二千辆前往迎接,但苦乏马匹,马匹一时不能凑齐,武帝要怒斩长安令,汲黯当面谏诤说:"浑邪叛主来归,已由沿途各县传驿相送,也已尽情了,何必使天下骚动,疲敝中国,服事夷人呢?"武帝听后,只好收回成命,赦免长安令。

武帝内心其实也很赞赏汲黯的正直,但由于他过于戆直,不会含蓄委婉地说话,往往又使武帝在感情上一时难以接受。事后细思,仍不得不在内心深处认为他是一个不可多得的骨鲠之臣!武帝曾称赞汲黯说:"古有社稷之臣,汲黯近之矣!"

汲黯的鲠直风骨,不仅在当时受到人们的敬重,而且成为后人的楷模。事实上,直言的不仅是汲黯一人,周昌当面称刘邦为"桀纣之主";冯唐当面说文帝"纵使有廉颇、李牧这样的人才,也不会重用",诸如此类,不胜枚举。

少年胆识

常言说,自古英雄出少年。少年的所作所为,也许更能体现一个时代的精神追求,且看秦皇汉武时代少年的表现:

秦国派张唐去燕国任相,打算跟燕国一起进攻赵国来扩张河间一带的领地。但是,出使燕国,必须要经过赵国。张唐曾率兵攻打过赵国，因此惧怕赵国人加害自己而不愿前往。文信侯吕不韦无奈，快快不乐。十二岁的甘罗问吕不韦为何闷闷不乐？吕不韦说："我让刚成君蔡泽奉事燕国三年，燕太子丹已经来秦国作人质了，我亲自请张卿去燕国任相，可是他不愿意去。"甘罗说："请允许我去说服他。"吕不韦呵叱道："快走开！我亲自请他去，他都不愿意，你怎么能让他去？"甘罗说："大项橐（tuó）七岁就作了孔子的老师。如今我已经满十二岁了，您还是让我试一试，何必这么急着呵叱我呢？"甘罗见到张唐后，晓陈利害，使张唐答应前往燕国。

出发前夕，甘罗对吕不韦说："借给我五辆马车，请允许我为张唐赴燕先到赵国予以通报。"吕不韦将此事报告给秦王，甘罗获准前往。他到了赵国后劝说赵王说："大王听说燕太子丹到秦国做人质吗？"赵王回答说："听说这件事了。"甘罗又问道："听说张唐要到燕国任相吗？"赵王回答说："听说了。"甘罗接着说："燕太子丹到秦国来，说明燕国不欺骗秦国。张唐到燕国任相，表明秦国不欺骗燕国。燕、秦两国互不相欺，显然是要共同攻打赵国，赵国很危险了。燕、秦两国互不相欺，没有别的缘故，就是要攻打赵国来扩大自己在河间一带的领地。大王不如先送给我五座城邑，来扩大秦国在河间的领地，我请求秦王送回燕太子，再帮助强大的赵国攻打弱小的燕国。"赵王听后，立即亲自划出五座城邑送给秦国。

秦国得到城邑后，送回了燕太子，赵国有恃无恐地进攻燕国，结果得到上谷三十座城邑，并让秦国占有其中的十一座。甘罗归来后，被秦王拜为上卿。甘罗年仅十二，却能洞察时局，利用国与国、人与人之间的矛盾，解决了丞相吕不韦所解决不了的问题，使秦国不费一兵一卒便得到了赵国五个城池。这种胆识与智慧，令人叹服。

花木兰女扮男装代父从军的故事，妇孺皆知，广为传颂。秦皇汉武时代，有一位与花木兰一样勇敢的女性，她就是代父受刑的柔弱女子淳于缇萦。

文帝十三年（公元前167），齐太仓令淳于意犯了应处肉刑的罪，逮捕后解送长安受审。淳于意没有儿子，只有五个女儿。送往长安前与夫人诀别时，他万分伤感地说："你为我生了五个女儿，紧要关头，却没有男丁可以派上用场。"听到父亲的话，年仅十五岁的幼女淳于缇萦非常难过，她挺身而出，愿意随父起解西入长安，一路上照顾老父的行程，更要上书皇帝，愿入官为奴，以赎父罪。来到长安后，淳于缇萦上书文帝，说："我的父亲在齐地为官，当地人都称赞他为官清廉平和。现在他触犯了国法，要被处以肉刑。我难过的是，一个人一旦被处死，就不可能再复生；如果被处以肉刑，就不可能再恢复以前的模样，虽然他以后想改过自新，却没有机会了。我愿意没为官婢，来赎父亲的刑罪，好让他有机会改过自新。"

文帝看到如此娇弱的女子，为了营救父亲，竟然冒死上书，这种胆识与孝心着实令人感动，于是当面赦免了她父亲的罪刑，并且下令废除了肉刑。史学大家班固对淳于缇萦愿代父受刑一事给予了高度评价，赋诗赞扬道：

> 三王德弥薄，惟后用肉刑。太仓令有罪，就递长安城。自恨身无子，困急独茕茕。小女痛父言，死者不可生。上书诣阙下，思古歌《鸡鸣》。忧心摧折裂，晨风扬激声。圣汉孝文帝，恻然感至情。百男何愦愦，不如一缇萦。

事实上，秦皇汉武时代的少年中，许多人在思想行为等方面都有值得称许之处。法制史上著名人物汉代的张汤，自幼喜好法律。一次，因老鼠偷食了家里的肉，便掘洞逮鼠，按照法官审判罪犯一样审判老鼠，其审判程式和审讯讼词，俨然一老狱吏所为，表现出突出的断案才能。桑弘羊年仅十三岁，以善于心算、精于运筹受到武帝的重视，被任命为侍中；公元前188年惠帝死后，吕后对陈平等功臣心存猜忌，张良的儿子张辟强年仅十五岁，却能给丞相陈平出谋划策，使陈平等功臣全身而退；江都易王刘非年仅十五岁，担任大将平定吴楚叛兵。霍去病年仅十八岁，率八百骁骑横行漠北，大获全胜，令匈奴闻风丧胆；贾谊十八岁因能诵读诗书和善写文章而闻名乡里，受到河南郡守吴公的激赏，后被推荐任博士，成为文帝朝最为年轻的博士。终军自幼勤奋好学，以学识渊博、能言善辩、文采出众闻名于郡中，十八岁时被选为博士弟子，深受汉武帝器重；嬴政十三岁任秦王，武帝十六岁登帝位，二人都是少年有为，睿智多谋，志向远大……诸如此类，不胜枚举。

第七章

辞赋文章 千古传颂

秦皇汉武时代，是中国文学史上光辉灿烂的时期。这一时期，不仅出现了新的文学形式，而且涌现出一大批才华绝代的文学家，留下了一篇篇脍炙人口的千古名篇。

"文必秦汉，诗必盛唐"。秦皇汉武时代，散文和汉赋是最具代表性的文学形式。在散文方面，秦始皇时首推李斯。李斯散文上承战国荀卿，下启西汉邹阳、枚乘，不仅布局谋篇构思严谨，而且设喻说理纵横驰骋，既重质实，又饶文采，往往文质互生，在寥寥的秦代文坛上一枝独秀。李斯散文现存四篇，而以《谏逐客书》最为著名。汉武帝时著名的散文家众多，如贾谊、晁错、司马相如、东方朔、董仲舒、司马迁等，而以司马迁为魁首。

汉赋，是从楚辞发展来的文体，特点是辞藻华美、手法夸张。西汉初年盛行骚体赋，形成于汉初的散体大赋，至武帝昭帝时兴盛，成为汉赋的主流。汉初的骚体赋代表作是贾谊的《吊屈原赋》、《鹏鸟赋》，枚乘的《七发》等。散体大赋的作家很多，有名的如司马相如、扬雄、东方朔等。司马相如的《子虚赋》、《上林赋》等都是汉赋中的杰作。

这一时期，汉"乐府"也很引人注目。"乐府"是掌管音乐的官署，始于秦。到汉武帝时曾大规模地采集民歌，集中于乐府。这些民歌虽经过文人加工，但基本保持民歌特色，因此是文学中的瑰宝。其中既有反映边疆生活和控诉战争的内容，也有描写爱情和反抗强暴的诗歌，如《战城南》、《陌上桑》、《羽林郎》等都是语言生动、形象鲜明、思想性强的佳作。

汉赋翘楚司马相如

司马相如，字长卿，蜀郡成都人，小时名犬子，后因仰慕蔺相如的为人，而改名为司马相如。少时好读书、击剑。汉景帝时曾成为梁孝王的门客，写下了著名的《子虚赋》。梁孝王死后，司马相如回到故乡成都，既无父母，又无妻室，家徒四壁，无以为生。临邛富商卓王孙的女儿卓文君，喜好音乐，善于鼓琴，新婚丧夫，寡居在家，后结识司马相如，因爱慕其才华，与司马相如私奔。

司马相如的《子虚赋》传到汉武帝手中，得到了喜好辞赋的汉武帝的激赏，并立即召见了他，任命为郎。

在汉代，最重要的文学形式是赋，而司马相如是公认的汉赋四大家之一。流传至今的仅有《天子游猎赋》、《哀秦二世赋》、《长门赋》、《大人赋》等几篇。

《子虚赋》、《上林赋》虽非一时一地之作，但内容上前后相接，故司马迁的《史记》将它们视为一篇，称为《天子游猎赋》。作为司马相如最重要的代表作，《天子游猎赋》是文学史上第一篇全面体现汉赋特色的大赋，代表了司马相如之赋的最高成就。

在这篇赋中，司马相如的不师故辙、自擅妙才、独具一格发挥得最为淋漓畅快。在内容上，《天子游猎赋》以宫殿、园囿、田猎为题材，假设楚国子虚和齐国的乌有先生的互相夸耀，最后亡是公又大肆铺陈汉天子上林苑的壮丽及天子射猎的盛举，以压倒齐楚，表明汉天子的强大而诸侯之事不足道。作品歌颂了大一统国家的气魄和声威。文章结尾，规劝皇帝解酒罢猎，与民为利，不要过分奢侈，开创了汉代大赋的一个基本主题。

在形式上，它摆脱了一味模仿楚辞的俗套，以"子虚先

元·李容瑾《汉苑图》

生"、"乌有先生"、"亡是公"为假托人物，结构宏大，层次严密，语言富丽堂皇，句式亦多变化，加上对偶、排比手法的大量使用，使全篇显得气势磅礴。《天子游猎赋》所采用的问答形式虽然出于《离骚》，但又兼采《庄子》的手法，后来扬雄《长杨赋》的"子墨客卿"、"翰林主人"，张衡《二京赋》的"凭虚公子"、"安处先生"等都是延续这种形式。

《天子游猎赋》在汉赋的发展史上有极其重要的地位，它确立了"劝百讽一"的赋颂传统。汉赋自司马相如始以歌颂大国声威和气魄为主要内容，后世赋家相沿不改。同时，它奠定了铺张扬厉的大赋体制，后世竞相仿效。

《哀秦二世赋》是一篇直斥秦朝暴政的赋，具有鲜明的思想倾向和强烈的现实意义。全文只有一百五十八个字，写得情致蕴藉、感慨深沉、警策凝炼，与《天子游猎赋》的铺排夸张、雄浑宏丽形成对照，开后代抒情小赋的先河。

《长门赋》是一篇描写被锁闭在深宫中的妇女的赋，见于《昭明文选》，据序中所说，武帝失宠的陈皇后阿娇被打入冷宫后，孤寂悲苦，她梦想着能重新回到武帝的身边。后来听说司马相如善作赋，于是送给他黄金百斤，请他为自己写了一篇赋，即《长门赋》，以寄托自己在长门宫的遭遇和对武帝的思念，可谓文学史上宫怨体的滥觞。作品善于描写景物，烘托气氛，以情景交融的笔触，把人物感情的起伏跌宕写得惟妙惟肖，委婉动人，对后代的宫怨诗产生了相当大的影响。

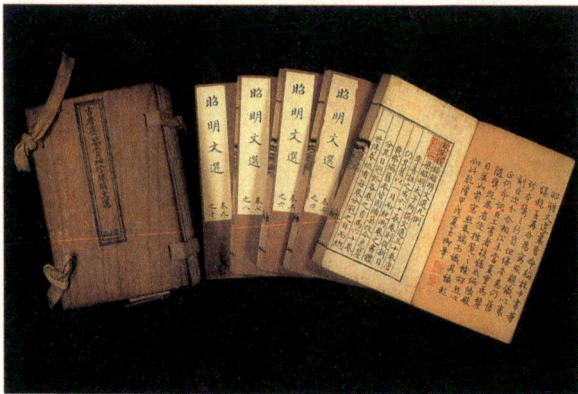

《昭明文选》（清写本）

司马相如曾说：赋家之心，必有包容宇宙，总揽天下的气概。这体现在他的赋中，就是纵横悉陈、网罗一切，表现广泛富丽的气格，是汉赋发展史上新的里程碑。这个时期的文学，体现了鲜明的时代特色，而赋则集中代表了这种大气，它是汉武帝时代的政治、经济由文景之治的无为而治走上强盛繁荣的文学表现。明王世贞评说司马相如之赋：取材丰富，辞藻华丽，运笔古雅，意境深远，其成就是当世及后人所不及的。

司马相如还是汉代很有成就的散文名家，其散文流传至今的有《谕巴蜀檄》、《难蜀父老》、《谏猎疏》等。《谕巴蜀檄》、《难蜀父老》都与司马相如的为官出使有关，而后一篇《谏猎疏》则是劝戒武帝生活杂事的散文。

《谕巴蜀檄》写于元光五年（公元前130）。当时，唐蒙从巴蜀通夜郎，由于处置不当，引起巴蜀民众的惊恐，武帝便命司马相如责备唐蒙，并作文告谕巴蜀民众，一方面说明唐蒙的举动并非朝廷之意；另一方面又要求巴蜀吏民理解和支持与西南诸民族交往的必要，以迅速达到安定人心的目的。《难蜀父老》写于元朔元年（公元前134）。当时，朝廷为连通西南少数部族要修一条道路，工程已进行两年，道路尚未修通，民力消耗很大，朝中一些大臣因此认为这项工程毫无益处。司马相如力主将路修通，以恢复对西南地区的统辖。武帝赞同他的意见，派他以中郎将的身份出使。这次出使，为加强汉与西南少数民族的联系，发展多民族的国家做出了贡献。出使完毕，司马相如又写了《难蜀父老》一文，进一步阐述了沟通西南的重大意义。《谏猎疏》大约写于元朔六年（公元前123）。其时，司马相如随武帝到长杨宫打猎，文章从保卫皇帝安全，防止发生意外的角度来劝武帝不要"自击熊豕，驰逐野兽"。以上三篇散文共同的特点是语言畅达有力，有辞赋之气。其中《谕巴蜀檄》和《难蜀父老》两篇，对后代的某些政论性散文有很大影响。

汉时作家，大多十分佩服司马相如，其中最有代表性的是历史学家司马迁。司马迁对于这位前辈，表现出极大的尊重。在整个《史记》中，专为文学家立的传只有两篇：一篇是《屈原司马相如在太史公心目中的重要地位。以后的历代文学家，或者将司马相如与司马迁相提并论，有"文章西汉两司马"之说；或者将司马相如与枚乘并称"枚马"，与扬雄并称"扬马"。唐代诗人李白在诗中写道："扬马激颓波，开流荡无垠。"他还以司马相如自比，自称"十五观奇书，作赋凌相如"。

司马相如的风雅绝伦影响了他的时代，也深远地影响了后世文学，他以他的作品在大汉文学史上树立起一座丰碑。

史家之绝唱，无韵之《离骚》

司马迁，字子长，西汉左冯翊夏阳（今陕西省韩城市南）人，生于汉武帝建元六年，死于汉武帝末年或昭帝初年。司马迁的父亲司马谈学识渊博，曾做过太史令，掌管天文，记载史事。《史记》中记载了司马谈的文章《论六家要旨》，这是我国古代思想史上一篇十分重要的学术论著。司马迁有这样一位博学的父亲，他所受到的教育自然与众不同。

司马迁"十岁诵古文"。后来，他又向当时著名的儒学大师孔安国、董仲舒学习，打下了坚实的经学基础。

二十岁时，在父亲的支持下，他开始漫游大江南北。根据《史记》卷一百三十《太史公自序》和其他各篇的记载，可以大致勾画出他这次游历的路线：从京师长安出发，南下至江陵，渡江辗转到汨罗江畔，凭吊屈原；沿湘江溯流而上，到九嶷山（在今湖南省宁远市），访求虞舜南巡死去的葬地；登庐山，了解大禹疏九江的传说；上会稽山（在今浙江省绍兴市），寻找传说中大禹的葬地；北

司马迁像

上到淮阴（今江苏省淮阴市），采访韩信的事迹；又向北来到汶水、泗水一带，拜访孔子的故乡曲阜，参观孔子庙堂里的车服、礼器；又到秦汉之际风云人物的故里访问，对楚汉相争的战场进行实地考察，然后回到长安。

司马迁这次漫游大约用了三四年时间。这是一次壮举，对于他的思想和著述都产生了深刻的影响。

首先，他通过实地考察和到民间采访，查证了许多历史文献和传闻。其次，他掌握了大量生动的历史材料，搜集了民间的传说和群众的语言，使《史记》中的传记人物形象生动，成为后世传记文学的典范。再次，通过游历名山大川，更加培养了司马迁心怀天下、仗义执言的精神。总之，这次游历对于

司马迁人格和思想的形成，起到了很大的作用。至少可以这样说，如果没有这样一次壮游，没有这样一次学习和实践的机会，司马迁即使也能写出《史记》，但决不会有如此深远的影响。

汉武帝元鼎元年（公元前116），司马迁被选做郎中，这是"掌守门户，出充车骑"的小官。因此他经常随汉武帝到各处巡视。非常难得的是，在扈从武帝巡视时，他也不忘实地考察，核实史料。可见，他的治史态度是多么严谨。

元鼎六年（公元前111），汉武帝派他到西南地区，对少数民族进行安抚。这是汉朝与西南少数民族关系史上的一件大事。司马迁为了完成这一重任，不仅到了巴蜀地区，最远还到达了昆明。在完成经略西南任务的同时，他对西南地区各个少数民族的经济、政治、社会生活及风土人情，都做了深入的调查。因此，他后来才能在《史记》中为西南地区的少数民族作传，叙述得错落有致、井井有条。司马迁这次出使西南地区，也有助于他形成民族一统思想，开了为少数民族立传的先河。

元封元年（公元前110），汉武帝到泰山举行封禅大典。身为太史令的司马谈随从东行，但因重病留滞在周南（今河南省洛阳市）。此时，司马迁正从西南出使归来，便急忙赶到周南探视父亲。司马谈把未竟的事业交给了司马迁，司马迁也立下了完成《史记》的誓言。

汉代·云南地区的七牛虎耳铜贮贝器

　　元封三年（公元前108），司马迁被任命为太史令，正式开始了史官的生活。司马迁在任太史令后，更加勤奋地撰写《史记》。然而，李陵之祸却不幸降临到他的头上。

　　李陵，字少卿，陇西成纪人，是飞将军李广之子李当户的遗腹子。少年时即任侍中（皇帝的侍从官）、建章监（皇帝近卫军长官）。建章监是一个很重要的职位，卫青就曾经担任过这一职位。李陵能担任这一职位，说明汉武帝对他的赏识和信任。

天汉二年（公元前99），武帝任命他以前最钟情的宠姬李夫人的哥哥李广利为贰师将军，率领骑兵三万出酒泉征伐匈奴。出征前，武帝召见李陵，想派他负责为贰师将军的后勤工作。但李陵主动请求说："臣所率领的驻守边陲的战士，都是荆楚一带的勇士，个个能力擒猛虎，人人可百步穿杨，我愿意自成一队，独当一面，分散单于的兵力，使单于无法全力对付贰师将军的大军。"武帝说："你难道不愿意统属于贰师将军吗？将军不肯附属于他人，可是朕派出的军队太多，已没有多少骑兵和战马可调拨给你了啊！"李陵神情坚定地说："陛下不必担心，我不要骑兵，只愿以少击众，带五千步兵突入单于的大本营。"武帝为他的勇气所感动，于是同意了他的请求，允许他自己招募壮士，出征匈奴，并且命令强弩都尉路博德带兵接应和救援。可是强弩都尉路博德原来是伏波将军，建有战功，一想到为李陵这个初出茅庐的人做后援，心生羞辱感。于是便向武帝上奏说："现在正是秋天，匈奴草黄马肥，锐不可当，不适宜和匈奴兵交战。我希望李陵等到明年春天，我和他一起率领酒泉、张掖的骑兵各五千人，同时出击，那时必能擒拿单于。"武帝看完奏章，心中十分不快，他以为这是李陵不想出兵，故意让路博德上奏。正在这时，赵破奴从匈奴逃了回来，他向武帝汇报，说匈奴正在入侵西河。于是武帝下令让路博德赶往西河防守西河要地，另命李陵率五千士兵从居延遮路障（在今内蒙古自治区额济纳旗）出兵。

李陵率军北行三十日，到达浚稽山（今蒙古国戈壁阿尔泰山脉中段），在峡谷中间安营扎寨，画好行军所经路线的山川地形，派部下陈步乐火速赶回朝廷汇报。陈步乐向武帝汇报说："李陵很会带兵，深得士卒的爱戴，士卒们都愿以死相报。"武帝听后十分高兴，立即任命陈步乐为郎官。此时的武帝，仿佛看到了当年的卫青和霍去病。他期待着李陵和李广利凯旋。

没想到的是，浚稽山下休整的李陵军队，突然间被匈奴单于的三万人包围。李陵带领士卒进行了顽强的抵抗，与匈奴骑兵展开了一次又一次的激战，取得了歼敌六千余人的辉煌战果，但最终因弹尽粮绝，久待援兵不至，无奈之下投降了匈奴。

客观地说，李陵的兵败投降，武帝应当负很大的责任。他对李陵的期望值过高。李陵的胆识与果敢与当年的霍去病很相似。当李陵主动请缨率领步兵五千人出征时，武帝非常高兴，未加思索就答应了，因为他认为李陵也能做到像霍去病首次出征那样，以少击众，得胜而归。在得知李陵的危险处境后，武帝并没有派合适的人前往接应。另外，在调兵遣将上，武帝也有失误，他不该在最初派路博德做李陵的后援，结果造成李陵军的孤军奋战。但李陵素为武帝器重，没有以死报国，也没有实践自己对部下所说的"吾不死，非壮士也"的豪言，大节有亏。

李陵兵败之处离边塞只有一百多里，边塞已得到了相关的消息。武帝派人召来李陵的母亲和妻子，让人给她们相了一面，相面的人说从她们的表情上看不出李陵死亡的征兆。后来听说李陵投降了，武帝非常震怒，他责问陈步乐，陈步乐自杀了，武帝身边的大臣都指责李陵。只有正直的司马迁为李陵说了句公道话，说李陵投降情有可原，他的投降不是真降，结果惹恼了武帝。汉武帝认为司马迁是为李陵开脱，贬损贰师将军李广利。于是，司马迁便以"诬罔主上"的罪名，被判处死罪。根据汉代法律规定，犯死罪的人可以交五十万钱赎死，或以腐刑免死。司马迁家境并不宽裕，无法筹集出五十万钱。因而摆在他面前的只有两条路，不是死就得受腐刑。

在生与死的抉择中，司马迁思绪万千，终于悟出了这样一个道理："人固有一死，死有重于泰山，或轻于鸿毛。"他认为自己如果现在死去，如同九牛失去一毛，跟死去一只蝼蛄、蚂蚁没有什么不同。他不想马上死去，但却不是为了苟活，只是"恨私心有所不尽，鄙陋没世，而文采不表于后世也"。不写完《史记》，他是不应该一死了事的。当他想起历史上那些成大事者都经历了各种磨难时，更加坚定了活下去的勇气。于是，他毅然选择了腐刑。

受刑后，司马迁于太始元年（公元前96）担任中书令一职。中书令是皇帝身边的官员，被一些人视为"尊崇任职"。他在《报任安书》中倾诉了他的难言之苦。他说中书令不过是个"扫除之隶"、"闺阁之臣"。还说："是以肠一日而九回，居则忽忽若有所亡，出则不知所如往。每念斯耻，汗未尝不发背沾衣也。"司马迁的痛苦、悲愤之情，跃然纸上。然而，个人的悲剧并未把他的崇高事业埋葬。相反，为了完成"究天人之际，通古今之变，成一家之言"的《史记》，他把个人生死、荣辱都抛到九霄云外，发奋撰写《史记》。

太始四年（公元前93），司马迁历时十八年终于完成了他的巨著《太史公书》，即《史记》，

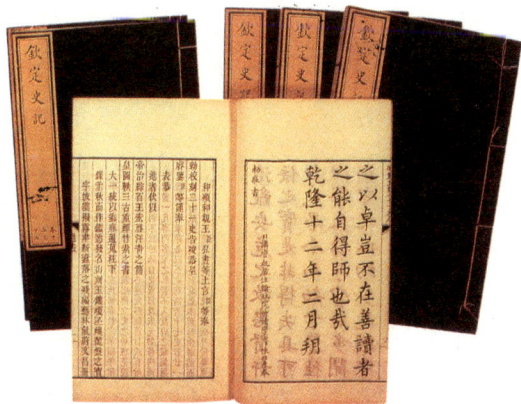

《史记》（清乾隆刻本）

全书一百三十篇，五十二万六千五百字。

《史记》是一部百科全书式的纪传体通史巨著。列"正史"之首。它以本纪、书、表、世家、列传五种体例，开创了纪传体史书的先河。同时，司马迁将政治、经济、法律、军事、伦理、道德、文学、艺术、科学、宗教等方面的内容都包容在历史学的研究范围之内，开拓了历史研究的新领域，推动了我国历史学的发展。

司马迁对中国史学的贡献，不仅表现在历史编纂学方面，更重要的是表现在他的史学思想方面。他认为历史是连续的、发展的、变化的；他在叙述历史时十分强调人的作用；他重视物质生产活动在历史上的作用；他明确地提出了"以史为镜"的思想。他的史学思想达到了一个空前的高度，甚至以后的许多封建史学家都无法企及。

司马迁以他的《史记》为我国历史学竖起了一座巍峨的丰碑，并被尊称为"中国史学之父"。

《史记》不仅有巨大的史学价值，而且具有极高的文学价值。《史记》的文学价值最突出的表现在人物传记上。作者笔下的历史人物使人读起来如闻其声、如见其人，有栩栩如生之感。同时，作者以敏锐的洞察力，把握住了人物性格的本质特征，这是《史记》在刻画人物方面取得的重要成就，最容易引起读者的共鸣。

毫无疑问，《史记》既是史学巨著，又是一部优秀的文学作品，是历史与文学的高度统一。《史记》写作技巧之高妙，令人叹服。具体表现在：第一，用所谓的"互见法"，即在本人传记中没法写的内容，便放在其他传记写。如在《项羽本纪》集中一切有关重要事件，突出了项羽叱咤风云、气盖一世的英雄形象，为了不损害他的英雄性格，便把他的政治、军事上的错误放在了《淮阴侯列传》中写。第二，运用细节描写来表现人物的性格。如张汤幼时曾掘洞捕鼠并审讯老鼠的做法，俨然一个老练的狱吏。这样描写人物，使人物不但富有个性，而且具有典型性。像这样的描写，《史记》中不胜枚举。第三，善于通过紧张而激烈的斗争场面，把所写人物推到矛盾冲突的中心，使其形象、性格得到最充分的表现。《项羽本纪》里的"鸿门宴"最为著名。在那里，刘邦的怯懦而机智，项羽的坦率而寡谋，张良的冷静而善于应变，樊哙的忠勇而果敢，项伯的重义而轻信，范增的老辣而急躁，无不活龙活现，形神毕肖。第四，在语言运用上也显示了极大的艺术创造力。司马迁的文章是严格的散文体，和贾谊、晁错等人的文章那样整齐、骈偶化的句式不同，他有意地避免偶句，而专心炼散句，使有些语言比较接近当时的口语。同时，他能够把古语、谚语、民谣融合到自己的散文中去，形成整洁、精炼、通畅、流利的语言风格。

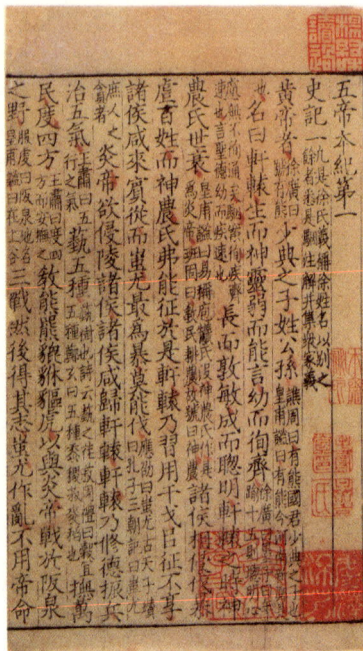
《史记集解》（南宋刻本）

刘熙载《艺概·文概》说："太史公文，兼括六艺百家之旨。第论其恻怛之情，抑扬之致，则得于《诗三百篇》及《离骚》居多。""文如云龙雾豹，出没隐见，变化无方；此《庄》、《骚》、太史所同。"班固说《史记》"善序事理，辩而不华，质而不俚。其文直，其事核，不虚美，不隐恶"。郑樵说"百代以下，史官不能易其法，学者不能舍其书"。鲁迅称颂《史记》为"史家之绝唱，无韵之《离骚》"。

在中国古代散文的发展史上，《史记》不仅集先秦散文之大成，而且为后代之楷模。著名的"唐宋八大家"在散文创作中莫不奉《史记》为圭臬。韩愈的许多传世名作，都曾得力于《史记》，所以刘熙载说，"太史公文，韩（愈）得其雄，欧（阳修）得其逸，雄者善用直捷，故发端便见出奇；逸者善用纡徐，故引绪乃觇入妙。"不仅如此，就是我国魏晋以来的文言小说，特别是从唐传奇到清代蒲松龄的《聊斋志异》，乃至宋元以后的白话小说、戏剧，无论是人物形象的塑造、故事情节的巧设、细节描写的传神、艺术语言的提炼，甚至内容题材的移植等方面，也都直接或间接地受到《史记》的影响。

西汉·昭明铜镜

深入阅读

1、翦伯赞《秦汉史》，北京大学出版社，1983年。

2、林剑鸣《秦汉史》，上海人民出版社，1989年。

3、杨生民《汉武帝传》，人民出版社，2001年。

4、荣真《汉武帝》，中州古籍出版社，2004年。

5、张小锋《正说两汉四百年》，中国国际广播出版社，2005年。